JN232540

中食市場のブランド化戦略

◆ 限定品マーケティングのすすめ ◆

小林憲一郎

同友館

はじめに

　1979年に『デリカショップ百科』，1981年に『デリカショップの実務』を誠文堂新光社から出させていただきました。多分，これらは惣菜産業，中食市場に関するわが国ではじめての本ではなかったか，と思っております。それから25年以上が経過しました。惣菜，中食市場は着実に拡大していますが，他の産業と比較して遅れている部分，それはブランドに係わる部分ではないか，と秘かに思っています。

【ブランド「化」がメインテーマ】
　本書のメインテーマは，これから自社のブランド化，ブランドの確立を考えている方々と，どのようにすればブランド化は可能なのか，そのヒントを探ることにあります。すでにブランドを確立しているメーカー，卸売業，小売業の方々は，読者の主たる対象とはしていません。書名を「中食市場のブランド戦略」とせずに，『中食市場のブランド"化"戦略』としたのもそのためです。

　タイトルは『中食市場のブランド化戦略』としましたが，中食市場に限らず，これから「ブランド化」を考えていらっしゃる方のお役にも立ちたいとの気持ちで書かせていただきました。必ずブランド化の際のお役に立つと自負しています。

【中食市場】
　書名を『中食市場のブランド化戦略』としたために，中食市場の話題を多くしましたが，ブランド化についてお話しするのに中食市場だけで収まりきれるものではありません。参考となる外食市場，内食市場，加工食品市場，食品市場などのことも触れています。

【中食市場のブランド化】

　ブランド化が基本テーマですので，中食市場の動向，定義などに多くは触れていません。中食市場の動向，調査資料については日本惣菜協会，外食産業総合調査研究センターなどの資料をご覧ください。

【ブランドの本質は「稀少性」】

　ブランドはいろいろな特質，性格，特徴を具えていますが，本書ではブランドの本質は，「稀少性」にあるとしました。中食市場でブランドを構築するには，「稀少性」のある製品が必要です。もちろん，中食市場のブランド化には「稀少性」以外の品質，技術などといったものも必要ですが，本書では中食市場でブランドを確立するには，「稀少性」がもっとも大切であると位置付けています。

【「稀少性」と限定品】

　中食市場でのブランド化には「稀少性」が不可欠です。中食市場で「稀少性」を確保するには「単なる製品」「単なる単品」ではダメで，限定品という性格を有する必要があります。中食市場でのブランド化の第一歩は限定品の提供から始まります。

【限定品の製品開発】

　限定品の製品開発に必要な事柄，ヒントを紹介しています。

【限定品マーケティング】

　中食市場でのブランド化の第一歩である限定品の提供には，限定品マーケティングが必要です。いろいろな種類の限定品マーケティングを紹介します。

【限定品マーケティングの成功事例】
　成功事例としてセブン-イレブン，モスバーガー，一蘭の３社を紹介しています。

【本書のキーワード】
　本書のキーワードは，およそ次の言葉です。
　・ブランド化
　・中食市場
　・稀少性
　・限定品
　・限定品マーケティング

【多用した参考文献】
　今回の執筆だけではなく，私の毎日の大学での授業を進めるにあたっても欠かせないのは，「日本経済新聞」，「日経流通新聞」，「日経ビジネス」です。これらの誌紙は30年以上にわたって私のブレインとして機能してくれています。もし，これらの誌紙がなければ，本書の刊行も不可能だったでしょう。これらの誌紙からの引用に対しまして，ここに深く感謝申し上げます。

【登場いただいた企業の皆様などへのごあいさつ，お礼】
　本来ならば，直接ごあいさつ致さねばなりませんが，ここで感謝申し上げることでお許しいただければ幸いでございます。

【お礼を述べたい方々】
　長島俊男先生，おかげ様で出版できました。西田治先生，書き方を教えていただき深く感謝しております。田中栄司先生，2005年５月13日お亡くなりになりましたが，先生のお力で本書を最後まで書き上げることができました。ここにご冥福をお祈りいたします。いずれも東京都商工指導所の先生方

です。

　同友館の編集者大河内さほ様，いろいろとご迷惑をおかけいたしました。これに懲りずに，ブランド化戦略の本を書き続けますのでよろしくお願いいたします。

　小林淳男様，いろいろ努力はしていますが貴方には到底届きません。亡くなった父です。小林照子様，今年8月14日米寿です。ただただ長生きを願っています。私の母です。

2005年7月18日　自宅パソコンの前で

小林　憲一郎

Contents

- ●はじめに ……………………………………………………………… i

第①章　ブランドの価値

1. 大分の「関（せき）アジ」と愛媛県八幡浜の「アジ」 …………… 1
2. 下関のフグと大分のフグ………………………………………… 4
3. 生鮮食品もブランド化を目指す………………………………… 6
4. ブランドの価値…………………………………………………… 8
5. 「京ブランド食品」宣言 ………………………………………… 11

第②章　ブランドの本質

1. ブランドの定義………………………………………………… 19
2. 製品（群）ブランドのスパイラル性と企業ブランドの確立 …… 24
3. ソニーと日産のブランド論…………………………………… 30
4. 食品ブランドのディスバリュー（棄損・価値崩壊）…………… 34
5. 食品ブランドの必要条件と十分条件………………………… 37
6. ブランドの本質―「稀少性」…………………………………… 38
7. ブランド品の飽和と「稀少性」………………………………… 49
8. ブランドとベキ分布…………………………………………… 52

第③章　製品のブランド化と限定品

1. 3つの限定品との出会い……………………………………… 55

  2 製品のブランド化と限定品…………………………………………… 63

第 4 章　限定品とは

  1 限定品とは…………………………………………………………… 67
  2 限定品の限定とは…………………………………………………… 69
  3 限定品の定義………………………………………………………… 70
  4 限定品の種類………………………………………………………… 71
  5 限定品の特徴………………………………………………………… 72
  6 限定品の台頭の背景………………………………………………… 72
  7 限定品のマーケティング上の位置づけ…………………………… 77

第 5 章　限定品開発のヒント

  1 日経産業消費研究所の製品力評価………………………………… 84
  2 ハウス食品の製品開発における数字の読み方…………………… 88
  3 パッケージングが重要……………………………………………… 90
  4 中食市場では安全性、価格、おいしさが重要　…………………… 92
  5 中食市場の製品開発と安全性……………………………………… 93
  6 限定品と新製品開発レベル………………………………………… 97
  7 限定品の提供方法…………………………………………………… 101
  8 限定品ショップ……………………………………………………… 105
  9 限定品と RFM 分析〜
    日本惣菜協会「人気の惣菜　伸びる惣菜」……………………… 110
  10 限定品と SWOT 分析……………………………………………… 115
  11 限定品の開発ノート………………………………………………… 122
  12 価格センス…………………………………………………………… 123
  13 オードリー・ヘップバーンと限定品……………………………… 126

第 6 章　限定品マーケティングの実際

1	限定品マーケティングとは………………………………………	129
2	狭義の限定品マーケティングと広義の限定品マーケティング……	130
3	限定品マーケティングの実際……………………………………	133
4	製品アイテム限定品マーケティング〜基本は「志」…………	135
5	製造装置・過程限定品マーケティング…………………………	138
6	製造場所限定品マーケティング〜産地の限定品………………	139
7	製造者限定品マーケティング……………………………………	140
8	製造数量限定品マーケティング…………………………………	141
9	製造時間限定品マーケティング…………………………………	142
10	材料限定品マーケティング………………………………………	144
11	曜日・週・月・期間・季節・時代・特定日限定品マーケティング……………………………	146
12	流通限定品マーケティング………………………………………	149
13	その他の限定品マーケティング…………………………………	150

第 7 章　限定品マーケティングの成功事例

1	コンビニエンスストアの限定品マーケティング………………	153
2	セブン-イレブンの流通限定品マーケティングへの取り組み……	158
3	セブン-イレブンの流通限定品マーケティング NOW …………	164
4	モスバーガーの限定品マーケティング…………………………	164
5	一蘭の限定品マーケティング……………………………………	168

第 8 章　限定品マーケティングのプロセスとチェックシート

1	「志」と基本コンセプトの確立〜限定品開発プロセスの基本 ……	173

2	限定品候補の抽出〜限定品開発の第1段階	175
3	限定品の製品戦略〜限定品開発の第2段階	176
4	限定品の価格戦略など〜限定品開発の第3段階	177
5	限定品候補の評価〜限定品開発の第4段階	178
6	限定品開発のチェックシート	178

●索引 …………………………………………………………………… 181
●おわりに

第1章 ブランドの価値

　ブランドの確立が済んでいる企業ではブランド管理が問題になりますが、これからブランド化、ブランドの確立を行おうとする企業では、「単なる単品」「単なる製品」の提供ではなく、"稀少性"のある製品の提供、限定品の提供が必要です。そのためには限定品マーケティングを展開していかなければなりません。

　限定品のマーケティングを考える前に、なぜ中食市場でのブランド化、ブランドの確立が必要なのかをお話しなければなりません。食品市場に限らず家電、自動車などいろいろな業界が、いまブランド構築に躍起になっています。本屋の棚にもブランド論の本がぎっしりと並んでいます。こうしている今でも新しくブランドに関する本が出版されています。

　第1章では、なぜブランドの確立、ブランド化が必要かをお話しますが、この第1章の要点を先に述べますと、ブランド化、ブランド確立のメリットは、次の3点にあります。

① 定価販売が可能である
② 価格の値引きをすることがない
③ 高い利益を確保できる

1　大分の「関（せき）アジ」と愛媛県八幡浜の「アジ」

【博多と関アジ】

　たまに仕事で博多に行くことがあります。
　2，3年前にタクシーに乗り、運転手に博多の中州付近にある城山ホテル

に行ってほしいと頼んだところ，城山ホテルは更地になっているとの返事でした。城山ホテルはご存知のように鹿児島の有名ホテルで，私が運転手に行ってほしいと頼んだのは，その博多店です。実際タクシーで行ってみたところ，博多の城山ホテルはありませんでした。

驚きました。と同時に残念でした。博多に来たときには，城山ホテルの2階の和風レストランで大分県佐賀関の関アジを食べるのが楽しみだったからです。

ずいぶん前から「関アジ」のことは知っていましたが，はじめて食べたのは，10年くらい前の博多の城山ホテルでした。食べた瞬間，こんなに油がのっている，コリコリとした食感のおいしい鯵があるのだ，とビックリしました。人々が「関アジ」「関アジ」と騒ぐのも無理からぬことだと思いました。

それからは博多に行くたびに，関アジを城山ホテルで食べていました。そのホテルが無くなったのですから，がっかりしました。しかし，同時に関アジの刺身の値段は1皿5,000円もしていましたから，出費も少なくて済み，ほっとしたという感もありました。

関アジは大分県の佐賀関で水揚げされるわけですから，本当ならば佐賀関に足を伸ばせばよいのですが，交通の便を理由にもっぱら博多で食べていました。

【八幡浜のアジ】

2004年9月に仕事で四国に行きました。高知に1泊し，翌々日に愛媛県の八幡浜に行きました。昼時だったので，八幡浜市内の中心部にある割烹風の店に入りました。[1]

店内のほとんどのお客は寿司を食べていましたが，メニューを見ると刺身がたくさんあります。そこで「鯵の刺身」（1,250円）を頼みました。この鯵がおいしいのです。本当に…。すぐに博多の城山ホテルの関アジを想いだしました。ほとんど同じ鯵（味）です。関アジよりは少し小ぶりでしたが。す

ぐに食べてしまい、あまりのおいしさに、お替りをしました。

八幡浜のアジを食べながら、お替りしても1,250円×2＝2,500円。八幡浜のアジの刺身は少し小振りですが2皿食べると、ほぼ関アジと同じボリュームです。博多の関アジは5,000円。八幡浜のアジは2,500円ですから、すごく得をした感じがしました。

なぜこんなにも価格が違うのだろうと思いましたが、答えはわかっていました。関アジは2～3年前に商標登録し、いまや全国的ブランド魚として有名だからです。

【ブランド魚と普通魚】

関アジが水揚げされるのは大分県の佐賀関、八幡浜のアジは愛媛県で水揚げされます。関アジは九州、八幡浜のアジは四国ということで地理的には離

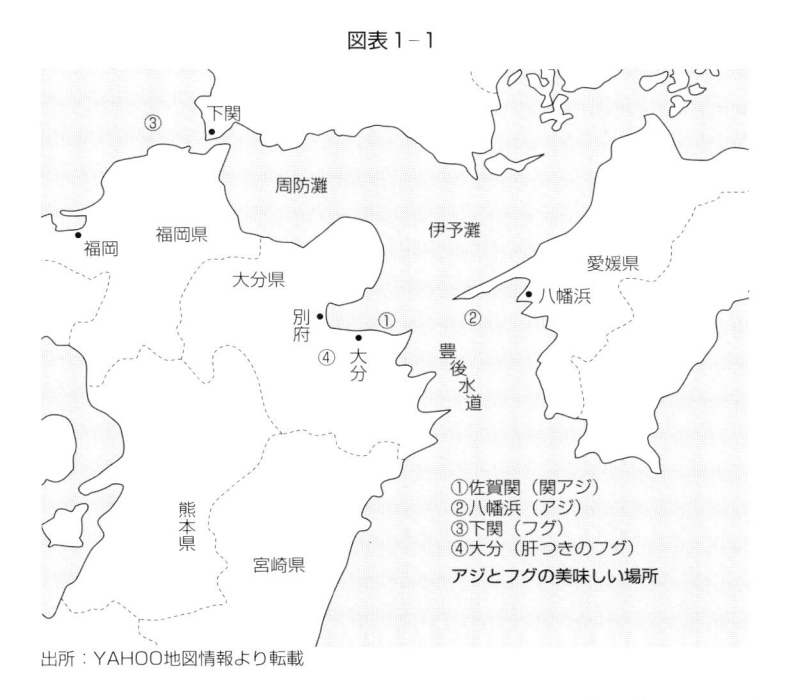

図表1-1

① 佐賀関（関アジ）
② 八幡浜（アジ）
③ 下関（フグ）
④ 大分（肝つきのフグ）
アジとフグの美味しい場所

出所：YAHOO地図情報より転載

第1章　ブランドの価値● 3

れているように思われますが，地図をご覧になると両者の距離がいかに近いかわかります。

　私の勝手な判断では，ブランド魚「関アジ」は普通魚「八幡浜アジ」の２〜４倍の価格で売られています。ブランド魚は普通魚の何倍もの価格で提供することができます。買う側もブランド魚であれば，普通魚の何倍もの値段で受け入れてしまうのです。

2　下関のフグと大分のフグ

　大分県佐賀関の「関アジ」と愛媛県八幡浜の「アジ」は，私はほぼ同質のアジであると思いますが，両者には厳然とした大きな価格差があります。こうした価格差は，アジだけではありません。フグにもあります。

【大分のフグ】

　2005年２月に大学４年生と一緒に卒業旅行をすることになりました。この４年生たちとは，その前の年にゼミ旅行で沖縄に行っています。４年生の多くは再び沖縄に行くことを希望しましたが，２月の沖縄の気温はいくら暖かいといっても20℃前後で泳ぐにはまだ寒いので，私は長崎のチャンポン，大分のフグ，博多の屋台をメインとする旅を提案しました。

　２月はフグのおいしい月です。早速，大分市内の「ふぐ良」に予約の電話を入れました。大分ではフグの刺身には肝がついています。数年前に仕事で大分に来て案内されたのがフグ専門店でした。卓上にはフグの刺身と一緒にフグの肝も添えられていました。恐る恐る食しましたが，すこぶるおいしいのです。

　お店の人に聞くと上手に肝の血抜きをすれば大丈夫とのことでした。ただ，年に数人，素人が調理して救急車で呼ばれ，新聞記事になることもあるとのことでした。その後も何回か大分のフグを食べ，大ファンになりました。

図表1-2　ふぐと肝（溶かす前）　　図表1-3　ふぐと溶かした肝

　学生たちもフグの刺身が出てくると，すぐにポン酢に柔らかい肝を入れて溶かし始めました。私の知っている範囲では，価格も下関で食べるよりもはるかに安いので，学生にもフグの「長島食い」[2]を勧めました。彼らも大いに満足した様子でした。

　最近の新聞によれば，佐賀県の嬉野温泉でも肝付フグを名物にしようとしていますが，現在のところ肝付のフグは大分でしか食べられない限定品です。

　大分県臼杵市内にも20店舗くらいのフグ店があります。臼杵市はフグの産地として地元では有名で，「ふぐ良」は臼杵市出身です。臼杵市は佐賀関にも近く，優良な漁場である豊後水道の近くです。

　下関に水揚げされているフグも，臼杵に水揚げされているフグも漁場は近いと思います。**図表1-1**の地図を見ても容易に推察できます。下関のフグはブランド魚なので当然価格も高いのですが，臼杵や大分のフグの食べ方は限定されているものの，両者の間には大きな価格差があります。

　大分で食べたフグがおいしかったので，私は翌日学生たちといったん別れ，昼に再び1皿3,000円のフグの刺身を2皿食べてから博多に向かいました。

　そしてこの味が忘れられず，翌月再び「ふぐ良」のフグを食べに行きまし

た。満腹になったところで，少し刺身が残っていたので贅沢とは思いつつ「しゃぶしゃぶ」にして食べました。これがまた美味しくて，次回からも最後は「しゃぶしゃぶ」にして食べようと思いました。[3]

【ブランド・フグと普通フグ】

　価格面からすれば，下関のフグよりも大分のフグのほうがお奨めです。下関のブランド・フグと大分のフグには価格差があります。その価格差は，ブランドの差から生じたものです。

　私の見たところ，ブランド・フグである下関フグが1万円に対して，大分・臼杵フグは3,000円です。アジと同じようにブランド・フグは，普通フグの何倍もの価格で提供されており，食べる側もこの価格差を容認しています。

3　生鮮食品もブランド化を目指す

【生鮮ブランドランキング】

　アジとフグでわかったように，ブランド魚と普通魚では価格が違います。同じアジならば「関アジ」のように，フグならば「下関フグ」のようにブランド魚にしたいと思うのが人情です。かつて加工食品メーカーが，ブランドを確立してできるだけロングヒット商品を作りたいと思って努力したのとまったく同じことを，生鮮食品業界が行おうとしています。

　生鮮食品のブランド化の動きは以前からありました。各地で農産物，水産物，酪農品のブランド化の努力は，新聞の地方版などでよく取り上げられていました。毎日の情報源として最も大切にしている新聞の1つである「日経流通新聞」では，「フードビジネス」の頁で農産物のブランド化を追いかけていたので，以前からこの記事をストックしていました。

　2005年1月1日付「日経流通新聞」の一面トップ記事を見て驚きました。「生鮮ブランド勝ち組ランキング」のタイトルで，生鮮食品のランキングを

報じているのです。「日経流通新聞」一面のランキング特集は，決して珍しくありません。専門店のランキング，E－ビジネスのランキング，小売業のランキング，世界の小売業のランキングなど流通にかかわる人間にとっては，魅力あるランキングがいつも掲載されています。もちろんこれらのランキングについてもすべてスクラップして保存しています。

しかし，生鮮食品についてブランド別にランキングを掲載したのは，これがはじめてです。生鮮ブランド，生鮮食品のブランド化がこれから流通の大きな話題になろうとしています。

この記事では，ランキングだけではなく取材記事を「成功」産地の6つの法則としてまとめていました。この6つの法則は中食市場のブランド化の参考になるので，引用します。[4]

① 販売ルートを絞る
② 厳格な品質管理
③ 後発の利を活かす
④ 応援団をつける

図表1-4　ブランド化を進めた結果生じた問題点

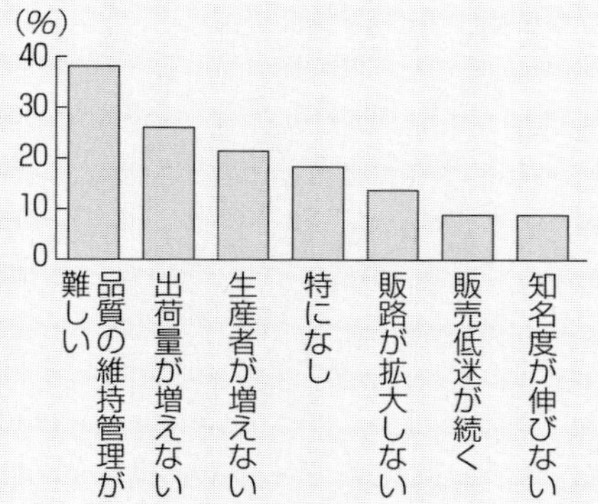

(%)
- 品質の維持管理が難しい: 約38
- 出荷量が増えない: 約26
- 生産者が増えない: 約21
- 特になし: 約18
- 販路が拡大しない: 約13
- 販売低迷が続く: 約8
- 知名度が伸びない: 約8

出所：「日本経済新聞」2005年1月5日記事を加工。

⑤　ウンチクを語る
⑥　インパクト勝負

この記事を追いかけるようにして,「日本経済新聞」本誌でも生鮮食品のブランド化を取り上げています（**図表 1 - 4 参照**）。[5]

4　ブランドの価値

　下関フグは大分フグよりも，関アジは八幡浜アジよりも付加価値が高いということは，わかったと思います。下関フグと関アジの付加価値が高いのは，ブランド力があるからです。
　それではブランドとは何か，特にブランドの価値とは何か，を見ておきましょう。まずは教科書的なブランドの価値についてみましょう。

【ブランドと消費者・企業】

　私が大学の修士用のテキストとして用いている『MBA マーケティング』[6]では，ブランドは消費者と企業の双方に価値を提供している，として対消費者向けのブランドの価値と対企業向けの価値をそれぞれ示しています。

・対消費者
　①　製品の品質に対する判断基準となる
　②　ブランドがもたらす情報により購買決定が迅速になり，買い物の効率性が高まる
　③　ブランドがもたらすイメージが使用・経験の満足度を高める
・対企業
　①　企業イメージが高まる
　②　法的保護が受けられ，競争企業と差別化できる
　③　顧客のブランド・ロイヤルティを得て，安定的売上げを確保できる
　④　プレミアム価格の設定が可能となり，またプロモーションへの依存を

小さくすることもできる
⑤　ブランドの拡張により成長機会を増やすことができる
⑥　流通チャネルが販売リスクを低減させるために積極的に取り扱おうとする
⑦　競合に対して真の障壁となり競争優位を構築できる

【数値で示すブランドの価値】

　また，スコット・M・デイビスは，具体的な数値でブランドの価値を示しています。[7]
①　顧客の72％が，似たような競合ブランドと比べて，彼らが選択したブランドに20％のプレミアムを支払うと述べた。さらに，顧客の50％が25％のプレミアム，顧客の40％が30％までのプレミアムなら支払うと述べている。
②　客の25％が，気に入っているブランドなら購買する際に価格を気にしないと述べている。
③　客の70％以上が，ブランドを購買意思決定の指針にしたいと思っており，実際に購買の50％以上がブランドによって導かれている。
④　今日では，クチコミが購買のほぼ30％に影響を及ぼしている。そのため，1人の顧客が体験したブランドに関するよい経験が，ほかの人たちの購買意思決定に影響を及ぼすかもしれない。
⑤　消費者の50％以上が，強いブランドは新製品を発売する際にも成功する可能性が高いと信じており，自分の好きなブランドから出される新製品なら，そのブランドが暗に保証しているという理由で，より進んで試してみたいと思っている。

　このように，ブランドは消費者にとっても企業にとってもメリットがあります。ただ，本書の主たる目的は中食市場でこれから自社，自店のブランド化を考えている方々と，どのようなやり方をすればブランド化，ブランドの確立が可能なのかを考えることです。この目的からすれば，中食市場での消

費者のメリットはさておき，中食市場の企業にとってのメリットを提示する必要があります。[8]

【定価販売できること】

ここでブランドのメリットをまとめると，次の3点です。
① 定価販売が可能である
② 価格の値引きをすることがない
③ 高い利益を確保できる

表現の仕方が単刀直入で即物的ですが，中食市場でのブランドの1番目のメリットは「定価販売」できることです。値引きする必要がなく，高い利益も確保できます。

加工食品市場では，すでに定価販売という言葉は死語になっているといっても良いでしょう。加工食品市場のどんなメーカーであれ，誰がすき好んで値引販売をしたいでしょうか。彼らは仕方なしに値引販売しているのです。できることならば，どのメーカーでも定価販売したいのです。卸売業，小売業も然りです。

しかし，競争という名のもとに加工食品市場では，基本的に，
① 定価販売ができず
② 値引販売がまかり通り
③ 高い利益が確保できない

のです。前述のように生鮮食品市場では，関アジ，下関フグなどのようにブランド魚については，基本的に「定価販売」「値引きなし」「高利益」が可能です。また，中食市場でも「定価販売」「値引きなし」「高利益」が可能です。

上記の3点について優先順位をつけるとしたら，もちろん「定価販売」が一番基礎になっていることは，理解できるはずです。大胆に言い切ってしまうのならば，ブランドの価値とは「定価販売」できること，なのです。

中食市場のメーカーの設定した価格で，卸売業，小売業でも抵抗なく定価

販売できる力のことを，ブランド力といっても良いでしょう。

5 「京ブランド食品」宣言

　ブランドの価値を実現するためにいろいろな企業が，ブランド確立のための行動を行っています。企業単位ではブランドの確立が難しいと思った企業は，まず地域ブランドを確立して，その後に企業単位のブランド確立をしようとしています。

　日本惣菜協会理事の１人である㈱ノムラフード顧問の野村善彦氏も，地域ブランドを立ち上げるために活躍しています。野村氏は中食市場での「京ブランド食品」の確立に向けてがんばっていて，先日もらった手紙には「ブランド食品」宣言というパンフレットが同封されていました。パンフレットの主体は，京都府食品産業協議会と京ブランド食品認定委員会です。

　いま日本の各地で地域ブランド化が進んでいます。その先進的なスタートを切った「京ブランド食品」宣言のパンフレットは中食市場のブランドの参考になります。紹介しておきましょう。

【「京ブランド食品」宣言】

　京都は日本人の心のふる里であり，世界に誇る歴史都市でもあります。その中で磨き育まれてきた食文化は，脈々と継承され，時代とともに発展してきました。京都の食文化の発展は，厳選された材料，伝統的な製法と革新的な技により価値ある高品質な食べ物を創造し，人々に感動と満足感を提供することで築かれてきました。また，作る人から食べる人への「おもてなしの心」が，食べ物１つ１つに込められています。京都の食文化の創造に貢献する食品産業は，お客様との信頼関係を基盤に伝統と革新を形にした「京ブランド食品」を京都から日本各地，さらに世界へ向けて発信します。

　そして，食の先駆者として，また京都の食文化の進化をめざし，ここに「京ブランド食品」の宣言をします。

図表1-5 「京ブランド食品」確立のためのパンフレット

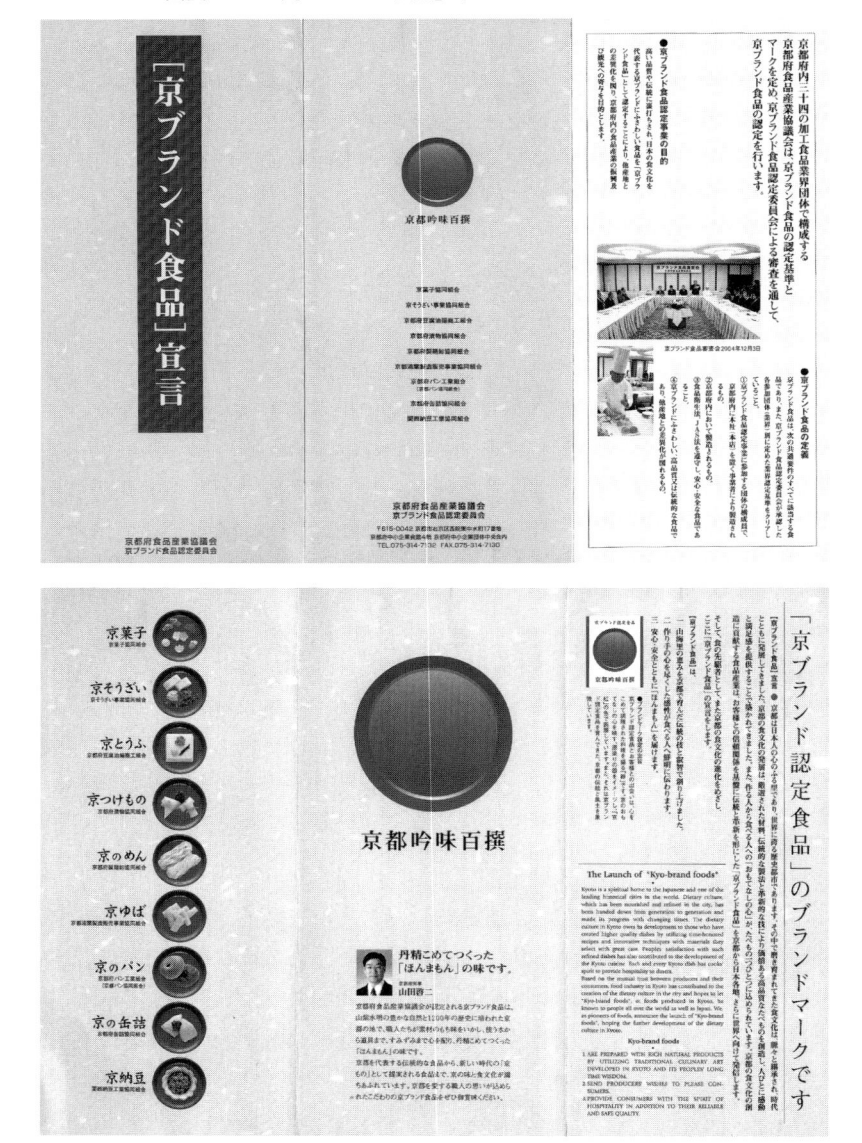

12 ●中食市場のブランド化戦略

京ブランド食品は，
一　山海里の恵みを京都で育んだ伝統の技と叡智で創り上げました。
二　作り手の心を尽くした感性が食べる人へ鮮明に伝わります。
三　安心・安全とともに「ほんまもん」を届けます。

【ブランドマーク設定の主旨】

　京ブランド認定食品とお客様との出会いは，心をこめて調理された料理を盛る「器」です。京のおもてなしの心を映す，漆塗りの器をイメージし，「京紅」の色で表現しています。また，それは京ブランド認定食品を育んできた，京都の伝統と風土を象徴しています。

【京ブランド食品認定事業の目的】

　京都府内34の加工食品業界団体で構成する京都府食品産業協議会は，京ブランド食品の認定基準とマークを定め，京ブランド食品認定委員会による審査を通して，ブランド食品の認定を行います。

　高い品質や伝統に裏打ちされ，日本の食文化を代表する京ブランドにふさわしい食品を「京ブランド食品」として認定することにより，他産地との差異化を図り，京都府内の食品産業の振興および観光への寄与を目的とします。

【京ブランド食品の定義】

　京ブランド食品は，次の共通要件のすべてに該当する食品であり，また，京ブランド食品認定委員会が承認した各参加団体（業界）別に定めた業界認定基準をクリアしていること。
　①　京ブランド食品認定事業に参加する団体の構成員で，京都府内に本社（本店）を置く事業者により製造されるもの。
　②　京都府内において製造されるもの。
　③　食品衛生法，JAS法を遵守し，安心・安全な食品であること。

④ 京ブランドにふさわしい，高品質または伝統的な食品であり，他産地との差異化が図れるもの。

【京ブランド食品の種類】
京ブランド食品の対象となっている食品は，次の９種類です。
① 京菓子
② 京そうざい
③ 京とうふ
④ 京つけもの
⑤ 京のめん
⑥ 京ゆば
⑦ 京のパン
⑧ 京の缶詰
⑨ 京納豆

【京ブランド食品の進捗状況】
野村氏からパンフレット入りのお手紙をもらったのは，2005年３月19日です。手紙には次のように書かれていました。
① ９業種，141企業の271品目を認定
② それぞれの組合が認定品質基準を制定，それに基づき組合内審査を行い，そこで合格した品が認定審査委員会（学識経験者，流通・消費者代表，行政，業者の５者で構成）にて審査のうえ認定
③ 各組合が品質保証責任を基本的に有する
④ 今後，品質検証，販路開拓，各組合・企業における京ブランド食品の戦略的活用指導など問題は山積み

なお，野村氏の言う各組合は，次の９組合です。
① 京菓子協同組合
② 京そうざい事業協同組合

③　京都豆腐油揚商工組合
　　④　京都府漬物協同組合
　　⑤　京都府製麺卸協同組合
　　⑥　京都湯葉製造販売事業協同組合
　　⑦　京都府パン工業組合（京都パン協同組合）
　　⑧　京都府缶詰協同組合
　　⑨　関西納豆工業協同組合

【地域ブランドとコーポレーティブ・ブランド】

　この京ブランド食品は，今後，各地域ブランド確立運動にいろいろな面で影響を与えると思います。そして地域ブランドが地域ばかりではなく，地域ブランドに参加する企業の繁栄につながればよいのですが…。少し不安なところもあります。

　なぜ，不安なのかお話ししておきましょう。
「WiLL」という車を知っていますか。若者向けのデザインで消費者に衝撃を与えたトヨタの車です。私もはじめて「WiLL」を見たときびっくりしました。これがあのオーソドックスで道をはずさないトヨタの車かと。結果的に「WiLL」の販売台数は，トヨタの車としては最下位に近かったのではないかと思います。

　また，近畿日本ツーリストのホームページで「WiLL」ブランドのパッケージ・ツアーを見たことがあります。ほかの近畿日本ツーリストのオリジナルなパッケージ・ツアーとそんなに変わらないと思ったのを覚えています。この近畿日本ツーリストの「WiLL」も実はトヨタと同じブランドだったのです。

　「WiLL」はトヨタが主導し，広告代理店の電通に事務局を作り，「WiLL」ブランドの浸透を図りました。この「WiLL」の構築に参加した企業は，以下のとおりです。これらの比較的ブランドイメージのよい企業が集まり，参加各社の努力により，より高いブランドイメージの確立を行うための行動で

した。

　この企業間のネットワークによるブランドのことをコーポレーティブ・ブランドあるいは異業種合同ブランドなどと呼んでいます。これら参加企業のうちAsahiと花王については，比較的早い時期にこのブランド・ネットワークから離脱しました。
・近畿日本ツーリスト
・江崎グリコ
・コクヨ
・トヨタ自動車
・松下電器産業
・Asahi
・花王

　ブランドは本来，自社ブランドの確立とブランドイメージの向上を目指すところにあります。自社ブランドの追求はコーポレーティブ・ブランドを排除する場面も出てくるでしょうし，その逆の場面も考えられます。コーポレーティブ・ブランドの理念は理解できるのですが，各社内部で否定的な意見が出てくるのは仕方のないことです。参加各社とも「WiLL」ブランドと自社ブランドの調整，管理が難しくなったために，途中離脱が出てきたのでしょう。

　「WiLL」からの離脱が続きますと，「WiLL」そのものの存在が危うくなってきます。そして2004年7月に「WiLL」のホームページ閉鎖という事態になりました。

　『トヨタ自動車，松下電器など異業種大手企業5社が展開していた，合同ブランド「WiLL」のホームページが7月30日をもって閉鎖された。5年前に注目をあびてスタートした「WiLL」だが，今後もブランド使用を続ける企業はあるものの，異業種合同ブランドとしての使命は終焉したことになる。

　「WiLL」は，トヨタの提唱にもとづき，アサヒビール，花王，近畿日本ツ

ーリスト,松下電器が参加して1999年8月にスタート,翌年にはコクヨ,江崎グリコも参加し,異業種合同プロジェクトとして推進されてきた(アサヒビール,花王は2002年脱退)。ニュージェネレーション層をターゲットに,オレンジに白字の共通ロゴ,「遊びゴコロと本物感」のコンセプトのもと,自動車,ビール,消臭スプレー,旅行パッケージ,パソコン,自転車,文具,チョコレートなどの商品に展開されてきたが,大ヒット商品は生まれず,ブランド価値の創造としてはあまり成功しなかった。

ただし,「WiLL」はもともと,若者離れに危機感をいだいて新しいマーケティング手法を探ったトヨタの社内プロジェクトからスタートし,参加した各社も,自社が弱い若者向けのマーケティング手法の獲得や,イメージアップが狙いだった面もあり,その点ではそれなりの成果もあったようだ。

若者向け旅行の市場開拓を評価する近畿日本ツーリストや,個人向け文具の市場開拓を評価するコクヨは,今後も「WiLL」ブランドを継続展開していく意向といわれる。』[9]

地域ブランドは地域を切り口にして確立されるコーポレーティブ・ブランドですが,「WiLL」ブランドと同じような性格を有しています。言い換えるならば,地域ブランドはコーポレーティブ・ブランドが持つ脆弱性を持っています。

ブランドは企業だけにとどまらず,地域,大学,都市などのいろいろな主体の価値を表現する手段として,いま注目を集めていますが,ブランドの確立過程にはいろいろな困難もあります。しかし,一度手に入ればこんなにすばらしい価値表現の媒体・手段はないでしょう。この地域,地方,商店街,街などのブランド化については,別の機会に論じることにします。

このブランドの価値を中食市場の企業が手に入れるためには,どのようにすれば良いのか。中食市場でブランドを確立していない企業はどのようにすればブランドを構築できるのか。そのステップ,具体的方法を次章以降でお話したいと思います。[10]

●注●
1) 高知と愛媛に行く必要があったので，車で行くことにしました。最初は高速道路で四国に入るつもりでしたが，インターネットで格安料金のフェリーを見つけました。神奈川県川崎港から高知港までの自家用車1台の移送料は普通3万7,000円ですが，自家用車移送つきで1人1万9,000円のパック料金なのです。しかも，高知の新阪急ホテル1泊朝食付きというものでした。高知では，県が「地産地消」を進めていますので，地元の新鮮な食材の朝食を食べることができました。大変お得なパックだと実感しました。
2) フグは高級品なので，通常一切づつ食べますが，巨人軍の長島元監督は箸で1回に大量にとって食べるそうで，この豪快な食べ方を「長島食い」というそうです。
3) 九州旅行にはANAの格安パックがお勧めです。2005年3月15～16日の旅では長崎空港に入り，博多全日空ホテルで1泊し，大分空港から帰るというパック旅行でしたが，朝食付きで（2,500円弱）料金は3万円を切ります。ちなみに羽田→福岡間の正規の航空運賃は片道3万3,000円前後です。
4) 「日経流通新聞」2005年1月1日
5) 「日本経済新聞」2005年1月5日
6) 数江良一監修／株式会社グロービス著『MBAマーケティング』ダイヤモンド社，138-139頁，1997年2月
7) スコット・M・デイビス著／青木幸弘監訳『ブランド資産価値経営』日本経済新聞社，14頁，2002年8月
8) 最近のマーケティング論では,消費者が絶対的であり，主たる存在です。これに対して企業は「従」の存在です。しかし，これからブランドの確立を狙う企業は，とりあえずなりふり構わずブランド化を押し進めなければなりません。そこで本書ではマーケティング論の一部を展開しているつもりですが,消費者はあまり登場してきません。
9) Braina Co. Ltd のインターネット情報
10) あえて大胆な言い方をすると，ブランドの価値は，定価販売できることです。ファッション市場のブランド品をみれば，すぐに理解できるところです。

第2章 ブランドの本質

　第1章では，ブランドの価値とは定価販売力であると結論付けました。しかしもちろん，ブランド＝定価販売力，という簡単な構図でないことは当然のことです。ブランドは定価販売力を持っていますし，ブランドを説明する大きな要素であることは確かですが，ブランドはそれ以外のさまざまな要素も持っています。企業がブランド化を進め，ブランドの確立を行っていくには，ブランドの持つそれらの要素について知っておくことも必要です。

　第2章では，ブランドについてもう少し詳しくみていきます。私自身はブランドの持ついろいろな要素，特徴，性格，側面のうちもっとも重要な要素は「稀少性」である，との結論に至りました。

1　ブランドの定義

【AMAのブランドの定義】

　最初に，ブランドの定義を確認しておきましょう。ブランドの定義，解説はたくさんありますが，ここではマーケティング関係の定義で権威のあるAMA（アメリカマーケティング協会）を紹介しておきましょう。

　『ブランドとは，ある売り手の商品やサービスが他の売り手のそれと異なると認識させるような名前・用語・デザイン・シンボルやその他の特徴である』（AMAの1995年の定義）。

　ブランドの基本は，Aという企業の製品やサービスとA以外の企業の製品やサービスとが異なることを認識させることです。消費者から優れていると認識されたブランドの製品やサービスは定価で販売され，値崩れせずに，

高い利益を確保することになります。逆に，消費者から劣った評価を得たブランドの製品やサービスは，定価販売できず，値崩れを起こし，結果として低い利益に甘んじることになります。

　ブランドの基本は，自社と他社との製品やサービスとは違うということを認識させることです。

【製品と企業ブランド】

　著者が大学に行くには，上野駅で乗り換えなければなりません。上野駅のコンコースは広く，いろいろなお店がテナント出店しています。ここでよく買うものが2つあります。
- 鯖の押し寿司（京都の惣菜・弁当企業のもの）
- 東京・恵比寿の洋菓子店パステルの「なめらかプリン」

　以前から鯖寿司は好きで，いろいろなところで買って食べます。最近では，空港で売られている「空弁」の焼き鯖寿司や，大阪の阪神百貨店で売られている焼き鯖寿司が大変おいしいです。それぞれの鯖寿司には特徴があり，いつもおいしく食べています。

　上野駅で売られている鯖寿司は，京都の惣菜・弁当企業のものです。酢の甘さがほどよく，駅の売店でお茶と一緒に買い，電車内で食べることもしばしばあります。

　この鯖寿司には1,000円と2,000円のものがあります。2,000円の鯖寿司は包装材料にもキチンとしたものが用いられており，豪華さをアピールしています。これに対して1,000円の鯖寿司は竹の経木に包まれていて，2,000円のものと比較するとパッケージ面では劣ります。

　1,000円の鯖寿司は巻き寿司で表現すると太巻きに近い太さです。これに対して2,000円のものは特大巻きといった感じでしようか。でも，鯖の大きさはさして違いません。2,000円の鯖寿司は尾ひれのほうになると，寿司飯が顔を出し，少し貧弱に見えます。これに対して1,000円の方は尾ひれのほうでも十分に鯖が乗っていますので，最後までおいしく食べられます。友人

には，2,000円のものを買うのならば1,000円のものを2つ買った方が良い，と勧めています。

さて，私が上野駅でよく買うもう1つのものは，東京・恵比寿の洋菓子店パステルの「なめらかプリン」です。パステルが上野駅のコンコースで「なめらかプリン」を売るのは水曜日です。水曜日には，コンコースにお客の列ができているので，遠くからでもすぐに今日は開店しているとわかります。

そこでは何種類かの「なめらかプリン」が売られていますが，私が好きなのはスタンダードなバニラ味の「なめらかプリン」と「なめらか黒ゴマプリン」「なめらか抹茶プリン」です。この他にマンゴ味，杏仁豆腐味などがあります。

洋菓子店パステルでは，スタンダードなバニラ味が消費者に受け入れら

図表2-1　ブランド体系[1]

ブランドのパターン	各ブランドのパターンの説明	具体例
企業ブランド	企業名がブランドとして認知され，製品名にも展開されているもの	TDK，キューピー，キッコーマン，雪印バター，キャタピラー，キリンビール，フジフィルムなど
事業ブランド	企業内の事業単位が，ブランドとして認知され，製品名にも展開されているもの	パナソニック，ユーノス
ファミリーブランド	いくつかの製品カテゴリーをまたがった包括的なブランドとして認知されているもの	無印良品，イクシーズ，ランバート（ミズノ）など
製品群ブランド	1つの核となるブランドから派生したバリエーションを多く持つもの	マイルドセブン，マイルドライト，コカ・コーラ，ダイエット・コーク，マッキントッシュなど
製品ブランド	1つの製品単体でのブランド	モルツ，パンパース，ポカリスエット，スーパードライ，鉄骨飲料

＊「雪印バター」など疑問の残るものもあるが，原典のまま転載。

支持されたので，それ以外のアイテムをいろいろと開発し，お客の選択性を広げていったのでしょう。

　この東京・恵比寿の洋菓子店パステルの「なめらかプリン」といった場合に，そこにはたくさんの種類，違った名称のブランドが登場してきます。ブランドの理解を深めるために，それぞれのブランドに名称を与えることにしましょう。名称を与える際の基準になるのは，**図表 2 - 1**の「ブランド体系」です。東京・恵比寿の洋菓子店パステルの「なめらかプリン」には，次の 3 種類のブランド名が登場します。

①　パステル
②　「なめらかプリン」
③　「なめらか黒ゴマプリン」「なめらか抹茶プリン」など

　この「ブランド体系」に従えば，東京・恵比寿の洋菓子店パステルの「なめらかプリン」に出てくる 3 つの具体的ブランドは，次のように区分されます。

①　パステル⇒企業ブランド
②　「なめらかプリン」⇒製品群ブランド
③　「なめらか黒ゴマプリン」「なめらか抹茶プリン」など⇒製品ブランド

　いままでのブランド論は，その中心は製品（群）でしたが，最近は企業ブランドが強く議論されるようになりました。製品ブランドに対して企業ブランドが強く影響するとの認識が強くなってきたからでしょう。

　ライブドア，ニッポン放送，フジテレビの株式取得問題では，企業価値という言葉が頻繁に出てきました。ニッポン放送，フジテレビの各放送番組内容の価値ではなく，ニッポン放送，フジテレビの企業そのものの価値が問われました。今後も経済社会ではますます企業ブランドの存在が大きく問われるでしょうが，これからブランド化，ブランドの確立を目指す企業にとって当面問われるのは企業ブランドではなく，製品（群）ブランドのほうです。

　ですから，本書でブランドといった場合は，主に製品（群）ブランドが話の中心となります。しかしまずは，製品（群）ブランドと企業ブランドの関係に

図表 2-2　パステル「なめらかプリン」のメニュー

ケーキメニュー　　6～7月

| 6/1-7/31販売 | 4/1-5/31販売 | 1/10-3/31販売 |

カップデザート

→ ケーキメニューへ

6/1～7/31　なめらかプリン
生クリームと卵黄だけで仕上げた、なめらかでコクのあるパステルオリジナルの逸品です。
¥294

6/1～7/31　なめらか抹茶プリン
高級抹茶を贅沢に使用したまろやかな風味と、カラメルソースのバランスが絶妙です。カップデザートファミリーの中でも幅広い層から愛される商品です。
¥294

6/1～7/31　なめらかメープルプリン
メープル風味のプリン生地に、メープル風味のキャラメルとメープル好きにはたまらない逸品です。メープルの自然な甘さが優しい気持ちにさせてくれることでしょう。
¥315

6/1～7/31　なめらかキャラメルプリン
甘く香ばしいキャラメル風味のプリンです。濃厚なキャラメルソースをかけて召し上がって頂きますと、さらに美味しさが広がります。
¥294

6/1～7/31　なめらかプリンカプチーノ
香り高いエスプレッソコーヒーとコクのある生クリームを使用し、なめらかプリンに仕上げました。まろやかな甘さの中にほろ苦さが感じられる味わい深い一品です。
¥294

6月発売　なめらか黒ゴマプリン
厳選された黒ゴマをクリーム状に練り上げ、生地に加え焼き上げることで、芳醇な香りとなめらかさがさらに強調されました。無添加のゴマをふんだんに使用し、ゴマの美味しさがストレートに味わえます。
¥315

6/1～7/31　なめらかチーズプリン
デンマーク産のクリームチーズをたっぷり使用したチーズクリームをなめらかプリンの上にのせ、さらに生クリームで仕上げた今までにない新しいタイプのプリンです。大変クリーミーで、チーズのコクのあるおいしさがストレートに伝わる一品に仕上がっております。
¥378

7月発売　なめらかバナナプリン
大人から子供まで愛されるバナナをなめらかプリンにしました。コクのある味わいとなめらかな食感を楽しんで頂けます。
¥294

出所：パステルのHPより

第2章　ブランドの本質

ついても理解しておく必要があります。

　つまり，企業のブランド確立には，まず製品(群)ブランドの確立が必要であり，製品(群)ブランドの確立の結果として企業ブランドがある，ということなのです。

　ブランドの確立ができていない企業では，まず製品(群)ブランドの確立をする必要があり，そのためには限定品マーケティングを行わなければなりません。このことについては第3章以降に詳述しますが，ここでは製品(群)ブランドと企業ブランドの関係をまとめておきます。

2　製品（群）ブランドのスパイラル性と企業ブランドの確立

　中食市場で企業ブランドを確立するには，まず単品での製品ブランドの確立が必要です。言い換えるならば，最初に製品ブランドそのものが消費者から認知されなければなりません。単品の製品ブランドの確立に成功した後に，製品群ブランドが確立し，さらにその結果として，企業ブランド確立の可能性が出てくるというプロセスを通ります。

　企業ブランドの確立には，製品ブランドあるいは製品群ブランドのスパイラル性が不可欠です。そして企業ブランドの確立には，次の3つの要素が必要です。企業ブランドはこれらの要素が絡み合って，段階的に確立されていきます。

① 　製品(群)ブランド
② 　スパイラル性
③ 　企業ブランドの確立

【第1段階⇒製品ブランド確立の時代】

　企業ブランドは，最終段階の評価です。これから製品ブランドの確立，製品のブランド化を狙っている企業には，当然のことですが，企業ブランドは存在しないといっても良いでしょう。言い方を換えれば，企業ブランドその

ものはあったとしても，社会的評価，市場からの評価はほとんどない段階と考えてよいでしょう。

この意味で，これから製品ブランドの確立，製品のブランド化を狙っている企業としては，1つでも良いから社会あるいは市場から評価され，受け入れられる製品を作り上げなければなりません。

実は，この製品ブランドを持っていない企業が，いかに製品ブランドを作り上げていけばよいかが，本書の主題となります。このことについては後述しますので，ここでは製品ブランドと企業ブランドの関係について考えます。

東京・恵比寿の洋菓子店パステルを例に取れば「なめらかプリン」を作り上げ，消費者，市場から評価を受けた段階が，この第1段階です。洋菓子店パステルは，いろいろと工夫してスタンダードなバニラ味の「なめらかプリン」を作り上げました。

「なめらかプリン」はその圧倒的なおいしさで，根強い支持により単なる単品の「なめらかプリン」から製品ブランド「なめらかプリン」に止揚しました。どこからどこまでが"単なる単品の「なめらかプリン」"で，どこから，いつから，どの時点から"製品ブランド「なめらかプリン」"になったかは判断基準がないために，厳密な意味での転換点を示すことはできないのですが，「なめらかプリン」が製品ブランドの段階に達していることに疑いの余地はありません。[2)]

私は現在の大学に就職する前に，東京都商工指導所に在職していました。いわば公設のコンサルタントをやっていました。このときに全国の惣菜企業の方々と知り合いました。日本の近代的惣菜業の創設期でした。そのとき惣菜業の方には，単品で日本一になることを考えなければならない，と言いました。

キューピーといえばマヨネーズ，マヨネーズといえばキューピー。牛丼といえば吉野家，吉野家といえば牛丼といわれるように単品で勝つことを目標にしなければならない，と当時言っていました。

現在キユーピーの製品は,もちろんマヨネーズだけではありませんが,キユーピーという企業ブランド確立にマヨネーズが大きく貢献していることは事実です。味の素も然りです。味の素の企業ブランドには最初の製品である化学調味料の製品ブランドが強く影響しています。

【第2段階⇒製品群ブランド確立の時代】

製品にはライフサイクルがあります。何十年もヒットしているロングセラー製品にもライフサイクルがあります。企業は製品ブランドの寿命をなるべく長くするために,第1段階で出来上がった単品の製品ブランドの類似製品を作ることになります。「なめらかプリン」の場合には,「なめらか黒ゴマプリン」「なめらか抹茶プリン」やマンゴー,チーズなどの入った「なめらかプリン」を作りました。

スタンダードのバニラ味が基本の「なめらかプリン」ですが,消費の多様化,個性化という時代には,スタンダードの製品ブランドだけではなく,製品群ブランドを構築していかなければなりません。製品群ブランドができあがると,消費の幅が広がるので,さらに製品群ブランドの評価が高くなっていきます。

製品ブランドの時代⇒	製品群ブランドの時代
「なめらかプリン」⇒	「なめらか黒ゴマプリン」
	「なめらか抹茶プリン」
	マンゴーの「なめらかプリン」
	杏仁豆腐の「なめらかプリン」

この製品ブランドから製品群ブランドの構築の過程において,ブランドのスパイラル現象がおきます。

【第1段階と第2段階の間のスパイラル現象】

スパイラル…手元の国語辞典には「螺旋形」とあります。私のイメージでは,スパイラルというと洗濯機の水流を想いうかべます。洗濯機は羽根が回

りだすと，底の部分は点のようですが，上の部分は大きな渦となっています。仮に，スパイラルとは，この洗濯機の渦のようなものとしましょう。

　製品ブランドのない企業は，喩えるならば，渦のない洗濯機のような存在です。しかし，ある1つの製品が製品ブランドとして評価され始めると，人，もの，金，情報などといった経営資源が音を立てて動き出します。電源を入れずに水だけ注入されていた静止の状態から，スイッチの入ったはじめの状態になります。渦は本格的な鳴門の渦のようではありませんが，水の表面には小波がたち始めます。

　1つの製品ブランドができたときは，ちょうど洗濯機が動き始めたとき，と表現してよいでしょう。洋菓子店パステルでは，スタンダードなバニラ味の「なめらかプリン」ができて市場から評価され始めたときです。

　その後，洋菓子店パステルでは「なめらかプリン」に続く製品の開発に入りました。2番目の「なめらかプリン」は，抹茶味ではないかと思います。文化とか，嗜好といったことではなく，価格が違うからです。スタンダードなバニラ味の「なめらかプリン」と同じ時期に製品開発されたものの価格は1個294円ですが，その後に開発された「なめらかプリン」は315円です。

　ブランドが確立してしまえば，新しい製品については1個294円だったものを315円に価格設定してもほとんど問題はありません。ブランド力がない場合には，価格値下げあるいは価格据え置きで新製品開発に挑みますが，ブランド力のある企業は価格値上げして新製品開発に挑むことが可能なのです。価格値上げした製品でも，ブランド力のある企業製品は定価販売できるのです。

　スタンダードなバニラ味の「なめらかプリン」に次の「なめらかプリン」が加わりますと，1つの製品ブランドしかもっていなかった当時よりも「なめらかプリン」そのもの（2種類の「なめらかプリン」）に対する市場の評価も高まります。

　「なめらかプリン」の渦は，種類が2つになることによって，さらに大きく力強くなります。製品群ブランドの種類，数が増えればさらに渦の回転，

強さは大きくなります。

【第4段階⇒企業ブランドの確立】

　製品群ブランドが確立すると，企業は他の製品部門の製品開発を進めます。いままでは1つの製品部門が2つ，3つの製品部門へと広がりを持つようになります。いくつ以上の製品部門を持てば，あるいはいつから，どの時点からという判断基準を示すことはできませんが，製品ブランドや製品群ブランドが増えるに伴い，製品ブランドや製品(群)ブランドばかりではなく，企業の価値そのものが企業ブランドという形で社会，市場から評価されるようになります。

　もちろん牛丼の吉野家のように牛丼という単品，製品ブランドだけで企業ブランドが評価される事例もありますが，一般に多数の製品部門を持つ企業のほうが企業ブランドを問われます。なぜならば企業ブランドを確立していると，次の製品ブランドとしてどのような製品を市場に投入してくるのかが

図表2-3　製品ブランド・製品群ブランド・企業ブランドの関係

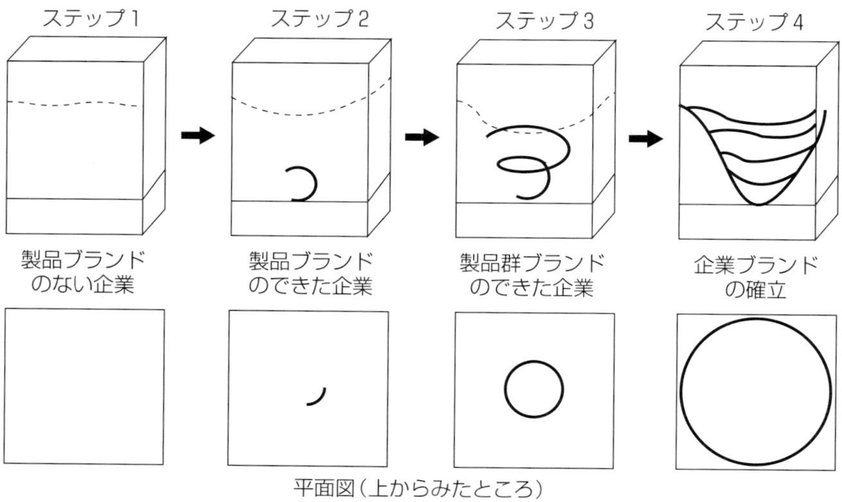

ステップ1　製品ブランドのない企業
ステップ2　製品ブランドのできた企業
ステップ3　製品群ブランドのできた企業
ステップ4　企業ブランドの確立

平面図(上からみたところ)

問われるからです。企業ブランドの確立している企業では，すでに大きな売上高を確保しているので，新しい製品ブランドの投入に失敗したとしてもすぐに企業ブランドの評価は崩れませんが，市場の要求する成長性，成長期待，成長神話にかげりが起こり，株価に影響する可能性はあります。

　図表2-3ではステップ4の企業が，企業ブランドを確立した段階です。洗濯機の半径から見てもほぼ幅いっぱいの大きさです。新しい製品ブランドが成功すれば，渦は激しくさらに強くなります。

　製品ブランドの強さと企業ブランドの強さの本質は同じです。製品ブランドの強さは洗濯機の渦を側面図から見たものであり，企業ブランドの強さは渦を平面図から見たものです。

【製品ブランド確立の重要性】

　この**図表2-3**で示した製品ブランド，製品群ブランド，企業ブランドの関係については，さらに詳しく検証していかなければなりませんが，ここで，いままでの説明の経緯をまとめておきましょう。**図表2-4**は，企業の成長過程を示すものです。

図表2-4　企業の成長過程

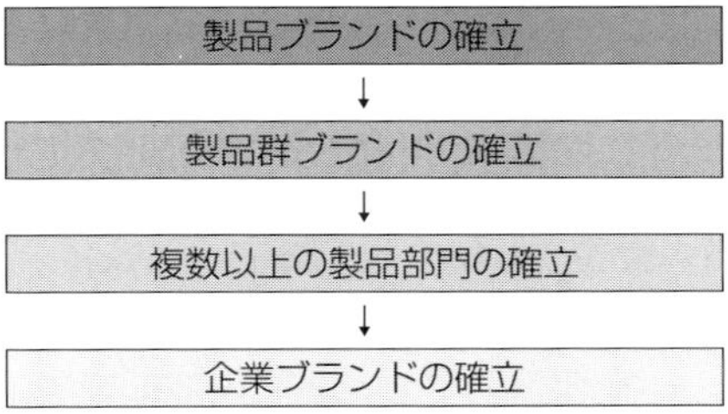

```
┌──────────────────────┐
│   製品ブランドの確立   │
└──────────────────────┘
           ↓
┌──────────────────────┐
│  製品群ブランドの確立  │
└──────────────────────┘
           ↓
┌──────────────────────┐
│ 複数以上の製品部門の確立 │
└──────────────────────┘
           ↓
┌──────────────────────┐
│   企業ブランドの確立   │
└──────────────────────┘
```

　この図表から明らかなように，企業の成長過程の基本は製品ブランドの確立にあります。**図表2-4**を逆にすればすぐにわかります。

　再度確認しますと，本書の目的は，企業の成長過程に大きな影響を及ぼす，あるいは企業の成長の基本である製品ブランドを確立するにはどのよう

図表2-5　製品ブランドの確立の重要性

```
企業ブランドの確立
     ↓
複数以上の製品部門の確立
     ↓
製品群ブランドの確立
     ↓
製品ブランドの確立
```

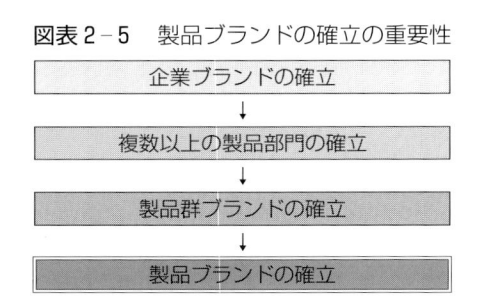

にすれば良いかを探ることにあります。いわば，単なる製品を製品ブランドにする過程や，製品ブランドの必要条件を探ることが目的といっても良いでしょう。

3　ソニーと日産のブランド論

　ブランドについての本はたくさんあります。すでに刊行されている本からブランドについて知ることはもちろん必要ですが，ここでは日本の企業のトップの方々が，ブランドについてどのような考え方を持っているのかを見ておきましょう。

　2003年2月27日の「日経流通新聞」一面では，マーケティングとブランドについて，当時ソニー社長であった出井氏と，同じく日産の社長であるゴーン氏との対談を掲載していました。

　両者とも基本的にはメーカーの社長で，しかも当時の業績は世界のトップであったので，面白い対談の企画だと思いました。[3] ここで紹介しておきましょう。

　対談の司会者はまず「ブランドが時代のキーワードになっている。日産とソニーのブランドとは何か」と質問しました。この質問に対する両社長の回答は要約すると，次のようでした。[4]

【ゴーン氏のブランドの定義】

日産は社名だが，ブランド名でもある。そのブランドで信頼性や安全，自信を約束する。時には大胆さや「爽快」な気分も約束する。そしてその先にブランドの全体像を見通す期待感がある。いま人々が日産ブランドを口にするときには名前と約束，それに期待が入り混じっていると思う。それがブランドの定義である。

【出井氏のブランドの定義】

ソニーは世界ではじめてブランドの重要性を認識した企業の1つである。ブランドには言葉としてマジックがあり，幸運だったのは会社名と製品ブランドを同じにしたことである。ウォークマンを出したころから新しいライフスタイルを提案する企業として認知されるようになった。テクノロジーを使いライフスタイルを創造するブランドの誕生である。

このイメージの定着でソニーブランドは世界に広がり，音楽や映画などのビジネスを展開することができた。ブランドは消費者が感じる価値の象徴ともいえ，ソニーの大事な資産である。

司会者の2番目の質問は「価格破壊・デフレ傾向下でブランド力を維持する方法はあるか」でした。これに対する両者の回答は以下のようでした。

【ゴーン氏のブランド力の維持法】

あるお客が大きさやエンジン，装備など全く同じ車を選ぶ際，ブランド付きの車にノーブランドより高い値段を提示した場合，この差額分がブランド力である。1999年の調査で，日産の車は日米市場で1台当たり平均1,000ドル分のブランド力不足という結果が出た。年間販売台数は75万台ずつだから，毎年75億ドル失う勘定である。

ブランドがどれだけ価格に貢献するかの一例だが，だからといってブランド構築だけに力を注げばよいわけではない。競争力アップに向けてコスト削減も同時に重要である。

【出井氏のブランド力の維持法】

　顧客にコストだけで測れない満足感を与えることができるかどうか，これがソニーのブランド力についての考え方である。中国や韓国の賃金の安い点を指摘して，日本が競争に勝てないと大げさに言うが，これは全くの間違いである。

　両者のブランドとブランド力の維持法についての説明の中で，私がもっとも興味を持った点の１つは，ゴーン氏が「1999年の調査で，日産の車は日米市場で１台当たり平均1,000ドル分のブランド力不足という結果が出た。年間販売台数は75万台ずつだから，毎年75億ドル失う勘定である」との発言です。

　1999年時点の調査結果であることと，どのような調査方法で金額を出したかは別として，上記の点は非常に興味があります。

　前章で，ブランドの価値は定価販売力だとしましたが，日産の場合には1999年当時ブランドの価値は１台当たり1,000ドル分低く，定価販売できなかったのです。ブランドの価値は定価販売力であるとの定義が，このゴーン氏の発言によって裏付けられたと思い，非常にうれしく感じました。

　ブランド力は定価販売を可能にしますが，この対談では「消費者の価格志向は生半可ではないがどうするのか」との質問もなされています。この質問に対する両者の回答は次のとおりです。

【ゴーン氏の価格志向への対応策】

　顧客の要求水準はあらゆる面で高くなっている。目の前の商品にいくら払い，どれだけの価値を得られるかということに，とても敏感になっている。だからわれわれはコスト管理に厳格でなければならない。同時に企業，特に自動車産業は合理的な面と，完成の面の両方で強くなくてはならない。

【出井氏の価格志向への対応策】

　デジタル時計が開発されたとき，誰もがスイス時計は終わりだと思った。だが私の腕時計はスイス製である。価格にかかわらず，欲しかったから買っ

た。コストと値付けは別のものである。だからこそ日本は，

・ブランディング
・マーケティング

を使えば，（価格攻勢をかける）中国にも勝つことができる。

　消費者の価格志向について出井氏は，「ブランディングとマーケティング」が必要であると答えていますが，この回答は「ブランドによる定価販売力を持つこと」を示唆しているものと判断できます。ここでも，この出井氏の発言が，私の考えと一致するものと思い，うれしくなりました。

　いまやブランド論は消費者行動論と並んでマーケティング論の中心的課題となりつつありますが，ブランドの確立には広告宣伝などのマーケティングの力を借りなければならないのはもちろんのことです。このブランドとマーケティングの関係について両者は，次のようにも回答しています（司会者の質問は，マーケティングについてどう考えるか，というものでした）。

【出井氏のマーケティングの考え方】

　日本語ではマーケティングという言葉に明確な定義がない。多くの人が販売促進のことと思っている。しかし，マーケティングとは，

① 売るための潜在力を創造すること
② （製品の）潜在力を生み出すこと

である。

【ゴーン氏のマーケティングの考え方】

　マーケティングは，マーケティングと広告のフェーズとして区別する必要がある。

　車のデザインにとりかかる前にさまざまな情報を活用しながらターゲットを決めるアドバンス（事前の）マーケティングがある。年齢や所得，家族構成，その人の志向などターゲットを定義していく。

　同じターゲットを念頭において仕事に取り組むため，そのプロフィールは開発や製造にかかわるすべての人に伝える。そのターゲットに車を買っても

らうためではなく，そうすることで車に一貫性を持たせることができるからである。

製品ができあがったところで，どうやって宣伝し，売り込んでいくかの作業が始まる。ここでも同じ志を持つ人たちがそろわなくては，お金が無駄になる。だから，この面でもマーケティングは必要不可欠で，明確なビジョンも欠かせない。

4　食品ブランドのディスバリュー（棄損・価値崩壊）

企業価値を高めるために各企業は日夜努力しています。製品ブランドの確立も企業ブランドを高める大きな手段ですが，食品市場ではブランドの付加価値を高めるという努力にもかかわらず，ブランドのディスバリュー（棄損・価値崩壊）という現象もおきています。このブランド構築と逆の現象について見てみることも参考になります。特にそれが食品市場におけるブランドのディスバリューならば，中食市場にとっても大きな示唆を与えてくれます。

加工食品メーカーの日清食品社長の安藤宏基氏が，「日経ビジネス」誌でこのブランドのディスバリューについて語っていました。ちょうどデフレ経済の真っ只中でしたが，単に経済環境とのかかわりではない，ブランド構築の重要性について語っていました。ここに紹介しておきます。[5]

対談相手は「日清食品は，1998年に250円の高価格ブランドとして定着していた『日清ラ王』を50円値下げしました。そのときの経験は，今回の商品「Goo Ta」の開発や値付けの参考になったのでしょうか」と質問しました。

これに対する安藤社長の回答は，以下のようでした。

「『日清ラ王』の経験は，デフレスパイラルから脱出する大きな勉強材料。販売数量は一時的に増えましたが，下げてから2年目，3年目には，カップ麺の販売競争が価格以外の次元に突入しました。まずご当地もの，次にご当店，店主まで出てきて，『日清ラ王』もこういう流れの中にのみ込まれた。

ちょうど同じ時期にわれわれの主力商品である『カップヌードル』もスー

パーマーケットが特売をやったのですが,そうすると特売価格が毎年下がるようになった。『日清ラ王』もそうですが,常時買いに来るお客に一定の安い値段で提供するのは,非常に販売効率の悪いことだと思うのです。

特売というのは,バーゲンハンターが基軸になっている。しかし,通常,販売する商品をバーゲンハンター用の価格帯にしてしまうと,ブランドイメージの低下を招くのです。数を売るためにはそれをやってしまうのですが,そのあたりが間違いの基でした。」

続けて対談相手は次の質問を行いました。「つまり値下げは失敗だったと」この質問に対して安藤社長は,はっきりと失敗であり,そこでは食品市場におけるブランドのディスバリューが発生した,と答えています。

「そうですね。ですから,われわれはいま,バーゲンハンターに対して通常商品を提供する必要はないとの考え方を持っています。不特定多数の人が望むものをすべて満たすという考え方から,買ってほしい人のみ選別して売るべきだという考え方に転換しました。毎年,増収増益を達成するために,どんな人でも良いから買ってくれというのはやめようと。

それをやると,結局,ブランドのディスバリュー(価値の棄損)になるのです。われわれはいま「ハイ・アンド・ロー(定番商品と特売の組み合わせ販売)」も「エブリデー・ロー・プライス(EDLP,流通主導の常時低価格販売)」も,両方とも否定しています。

では何かというと,「フリクエント・ショッパーズ・プログラム(FSP:優良顧客に照準を定めた販促や優待ターゲット・マーケティング)」に力を入れています。まだデシル分析(購買金額による分布)のレベルですが,今後は個人レベルまでいくでしょう。その中で優良顧客にどうターゲットを絞るかを考えています。FSPについては,われわれは一番進んだメーカーだと思っています。EDLPは一代前のものだと位置づけています。」

安藤氏は,世界最大の流通業であるウォールマートが基本とするEDLPをメーカーの立場から否定していることは,注目に値します。EDLPは流通業の,しかも低価格戦略を基本とする流通業の戦略ですが,EDLPそのもの

がメーカーにとって価値ある戦略であるかは，安藤氏が言うように別問題です。このEDLPに触れる前に，安藤氏は次のようにも発言し，メーカーが安売り競争に巻き込まれることを否定しています。

　何とか販売数量を確保して，利益を出したいとする食品加工メーカーのロジックを否定しています。

　「安くすれば数量が出て，利益が得られるだろうと考えるのはロジック（理屈）であって，現実にはそうならない。胃袋産業は特に，シェアにもおのずと限度がある。結果的には，数量を維持するために利益を削り，安売りする。これがブランドのバリューを著しく低下させていることに気づき，これではいかんと反省した。」[6]

　確かに流通の安売り競争に巻き込まれたくないメーカーの気持ちはわかりました。では，安売り競争を現に展開している流通業と，どのようなスタンスで付き合っていくのか，安藤氏は次のようにも回答しています。[7]

　「直接，消費者と接しないメーカーが，どうやって優良顧客とバーゲンハンターとを見分けるのですか」との質問に対しての安藤社長の回答です。

　「それが小売とのジョイントワークです。こうしたことができる特定のスーパーマーケットやコンビニエンスストアと組んでデータをフィードバックしてもらい，マーケティングを進めているところです。

　本当は，小売が能力価格を下回る価格でブランド食品を売ることを，ダンピングで訴えたい部分もあるのです。でも公正取引委員会には，メーカーが流通を不当廉売で訴えるというのはなかなか成立しないといわれます。小売同士やメーカー同士の訴えは成立するのですがね。

　安けりゃたくさん売れるから良いじゃないか，社会にも貢献しているじゃないかという視点もあるでしょう。しかし，われわれは本来，ブランドが持っているアセット（資産）をディスバリューしてまで安くすることはない。適切な価格の範囲で売ってほしいという考え方が強い。大衆食品でありながら，顧客を選択する必要があるというのはそういう理由があるからなのです。」

5 食品ブランドの必要条件と十分条件

2003年6月に名古屋で「食のブランドイメージを考える」とのテーマでシンポジウムが開催されました。

このシンポジウムでは何人かのパネラーが発言していますが，名古屋の名門百貨店である松坂屋名古屋事業部の広瀬茂氏の発言は光っていました。広瀬氏は，食のブランド形成には前提条件が2つ，必要条件と十分条件がそれぞれ5つあると発言しています。このそれぞれ5つの条件を簡略に，紹介しておきましょう。

【前提条件】
① 安全であること
② 美味しいこと

【必要条件】
① コンセプトの確立
② ネーミングとイメージのよさ
③ 値ごろ感
④ ほかより優れた技術力
⑤ 安定供給できる

【十分条件】
① 歴史と伝統による信頼
② ほかに真似ができない点がある
③ 需要が供給を上回っている
④ 価格以上の価値がある
⑤ 次の世代までにつながること

広瀬氏がここで示した前提条件，必要条件，十分条件は，まさに流通の現場からの適切な条件の提示です。食品市場のブランド化戦略を考えている人々に，多くのヒントを与えています。この広瀬氏の3つの条件を**図表2－6**にチェックリスト形式で表現しました。

図表2-6　食品のブランド化のためのチェックリスト[8]

チェック項目	自社アイテム 5段階評価	競争アイテム 5段階評価	コメント
［前提条件］			
①安全であるか			
②美味しいか			
［必要条件］			
①コンセプトが確立されているか			
②ネーミングとイメージの良さはあるか			
③値ごろ感はあるか			
④ほかより優れた技術力はあるか			
⑤安定供給できるか			
［十分条件］			
①歴史と伝統による信頼があるか			
②ほかに真似ができない点があるか			
③需要が供給を上回っているか			
④価格以上の価値があるか			
⑤次の世代までにつながるアイテムか			

　いま自社のブランド化しようとしている食品のアイテムは、5段階評価すると何点なのかを記入し、続いてその食品アイテムのライバル、競争アイテムをも5段階方式評価し、両者の優位性、競争性などをコメントすると良いでしょう。ぜひ、このチェックシートを利用してもらいたいと思います。

6　ブランドの本質—「稀少性」

(1) ブランド品の特徴，性格，魅力

　ブランド品の1番目の特徴は「関アジ」のように、高価で利益商品であることです。しかし、この高価で利益商品であることは、あくまでもブランド品の持つ特徴の1つに過ぎません。「関アジ」が定価販売できるのはブランド品であることの結果である、といっても良いでしょう。

ブランド品の大きな特徴は，第1章でも述べましたように，次の3つです。
　① 定価販売ができる
　② 値引き販売をしなくても済む
　③ 高い利益を得ることができる
　しかし，さらに次のようないろいろな特徴，性格，魅力を持っています。少し中食市場から離れ，ブランドやブランド品そのものについて考えてみることにしましょう。

【ブランド品の特徴，性格，魅力】

　ブランド品の特徴，性格，魅力はいろいろあります。以下に羅列してみましょう。これらの項目が前述の広瀬茂氏のいう前提条件，十分条件，必要条件のいずれの項目に属するかはさておき，ブランド品が持っている固有の性格であることは，ほぼ間違いがありません。あるブランド品は，これらの項目をすべて備えているかもしれませんし，あるブランド品はこれらのうちの少ししか持っていない可能性もあります。
　① 高品質
　② 伝統
　③ 差別化（他社製品との差別化）
　④ 約束性（品質の拘束性，安全性の約束）
　⑤ 顧客満足
　⑥ 一流性
　⑦ 拡張性
　⑧ 威光効果
　⑨ 信頼性
　⑩ 安全性
　⑪ 機能性
　⑫ 知名性

⑬　自然志向
⑭　本物志向
⑮　「らしさ」
⑯　独自性
⑰　優位性
⑱　品格
⑳　手作り
㉑　保証
㉒　安心
㉓　文化性

　ここまでは「ブランド」といっていたのが，この章では「ブランド品」となっていますので，「ブランド」と「ブランド品」についての明確な定義をしなければなりませんが，本書の目的はブランドあるいはブランド品の定義をすることではなく，「単なる単品」をブランド化，ブランド品化することです。

　よってここでは，「ブランド品とはブランド力のある製品あるいは商品」あるいは「ブランド性のある製品，商品，サービス」という簡単な定義でとどめておきます。

【観光と地域ブランド】

　電通消費者研究センター部長の四元正弘氏は，観光による地域ブランド化では，次の5つの要素が必要だと述べています。[9)] これらの要素は，上記の特徴，性格，魅力の中にすでに引用しています。

① 差別化
② 約束性
③ 顧客満足
④ 一流性
⑤ 拡張性

【経済産業省のブランド価値評価】

経済産業省のブランド価値評価では,「信頼性」が,高品質,安全性,機能性,知名度などを抑えてトップだったと報告されています。これらの要素も,上記の特徴,性格,魅力の中にすでに引用しています。

【地域中小企業のブランド戦略】

中小企業診断協会秋田県支部では,秋田県内の有力中小企業を調査し,「地域中小企業のブランド戦略」という形で報告しています。この報告の中でブランド戦略では,次の3つの項目が必要であるとしています。この調査報告で取り上げられた中小企業の多くは食品関連企業です。[10]

① 地域・自社の資源を徹底して活かす
　・独自性
　・優位性
　・素材のままではなく,どこまで付加価値を高めるか
② ブランドを作り,育てようとする強い意志
　・ブランドに足りうる製品・サービスの開発
　・高い品質を維持するための生産体制
　・流通
　・販促
③ 製品ブランドから企業ブランドへ

ブランド品の特徴,性格,魅力に関する書物,報告書はほかにもたくさんあります。どの書物や報告書にも,確かにブランド品の持つ特徴,性格,魅力については記述されているのですが,ブランド品を象徴,集約する端的な表現とはいえません。特に,製品ブランドを開発することを考えている者にとっては,ピンときません。

いままでのいろいろな経験の中で,ピンとこないものはたいてい重要なことではないとわかるので,上記20以上の項目については不満なのです。

私は原稿や執筆のネタを3段階に分類しています。

① 原稿や執筆用にメモしておいたほうが良いネタ
② 驚きのネタ
③ 背中にゾクッとするネタ

前記40頁の表現や言葉は，①の域を超えていないのです。ブランド品の説明だけでは，「単なる単品」から「製品ブランド」への答えやヒントが求められないことに気づきました。中食市場でのブランド化戦略を論じるには，直感的な③のレベルの表現，端的に表現する言葉や用語が欲しいのです。

そこで，ブランド品でないものの，ブランドという形容が着く言葉，用語，慣用語について考えてみました。まず思いついたのは，「ブランド職業」でした。

(2) ブランド職業

ブランド職業としてすぐに考え付いたのは，次のようなものです。ここに示した職業は，少し疑問はあるものの，ほぼブランド職業であることに間違いはありません。

① 医者
② 弁護士
③ 公認会計士
④ 不動産鑑定士
⑤ パイロット
⑥ スチュワーデス
⑦ 大臣
⑧ 国会議員
⑨ 大学教授
⑩ 東大生
⑪ 大企業の社長
⑫ サッカー選手
⑬ カリスマ店員

⑭　カリスマ主婦
⑮　カリスマ美容師
⑯　高級官僚

　これらのブランド職業に共通している項目，特徴，説明変数を考えますと，次のようなことです。
①　高給であること
②　学歴が高いこと
③　経験を必要とすること
④　社会的に評価が高いこと
⑤　なかなかなれないこと
⑥　一部は試験に通らなければならないこと

(3) ブランド品とブランド職業の共通点

　ブランド品と共通する，ブランド職業の特徴，性格，魅力を説明する言葉，表現を探しました。次の3項目です。
①　高い価格
②　社会的評価が高い
③　なかなか手に入れられない

図表2-7　ブランド品とブランド職業の共通項目

	ブランド品	ブランド職業
価格	高価　定価販売	高級
社会的評価	高い	高い
入手	簡単ではない	簡単ではない

　この3項目は，ブランド品とブランド職業に共通していることは間違いがありません。ただ「単なる単品」から「製品ブランド」への答えやヒントを含んでいるものの，決定打とはなっていません。背中にゾクッとするネタでもありません。
　そこで，ブランド品，ブランド職業以外に「超」ブランドなものを考えて

第2章　ブランドの本質● 43

みることにしました。「超」ブランド品,「超」ブランド職業,「超」ブランドなものとは,何なのでしょうか。

(4)「超」ブランド

すぐに思いついた「超」ブランドなものとは,次のようなものでした。京都,パリ,鎌倉などは都市という概念でくくればよいのでしょうか。高級車はどうでしょう。ほかにもたくさんあると思いますが,これらに共通するものは何でしょうか。

① 京都
② パリ
③ ロールスロイス
④ カウンタック
⑤ 鎌倉
⑥ 世界遺産
⑦ 国宝
⑧ 博物館にあるもの
⑨ 美術品
⑩ 芸術品
⑪ ピカソ
⑫ ベートーベン
⑬ 天皇家
⑭ イギリス王室

ここに掲げた14項目が「超」ブランドであることに異存はないと思います。少し疑問に思うのは,ロールスロイスとカウンタックです。なぜならば,これらは工業製品であり,誰でも膨大な借金をすれば買うことができます。返済能力は別として。

ピカソや美術品もオークションで買うことはできますが,ロールスロイスやカウンタックと違うところは,工業製品であるか否かという点です。美術

品などは再生産できませんが、ロールスロイスは再生産が可能です。お金を出せば多少の時間はかかりますが修理も可能です。美術品も修理可能の場合がありますが、誰が補修を請け負うかは大問題になります。

京都やパリの都市については、金額で表示できる可能性がありますが、伝統、歴史などといった文化性については定量化して金額表示することはきわめて困難といえます。この「超」ブランドのものは金額表示しにくい、という特徴があります。天皇家やイギリス王室を金額表示すること自身恐れ多いことです。

最近のTVコマーシャルでは、カード会社マスターカードが「プライスレス」という言葉を盛んに使っています。お金で買えるものはマスターカードで買い、お金で買えない大切な感動、幸福感、感激などを味わおうという趣旨です。私は中学生時代の英語の時間にpricelessを「価値がない」と訳して英語の先生から間違いを指摘されました。pricelessは価格がつけられないほど大切なもののことをいうのですと。

「超」ブランドはpricelessなのです。

私は今年で58歳になりますが、pricelessな食事を一度だけ経験しています。50歳前の頃でしょうか、親しくなった秋田県鷹巣商工会の豊島さんから呼ばれ、熊鍋をご馳走になりました。その熊は鷹巣商工会会員の方が自分の散弾銃で射とめ、自ら解体した肉でした。肉としては熊以外に、鴨とウサギがあり、それぞれ熊鍋、ウサギ鍋、鴨鍋の3つの鍋が用意されていました。

いずれの鍋も味噌仕立てですが、大根と人参はその会員の方の、裏の畑で自家栽培したもの、きのこは裏山で採ってきたもの、味噌も自家製です。酒は本物のドブロクでした。しかも3軒の家から調達したものでした。

この宴会は、まさにpricelessでした。今でも忘れることはできません。

pricelessは、価格で言い表せない価値のあるものです。では、なぜpricelessなのでしょうか。上記の14の項目の特徴、性格、魅力を説明する言葉はなんでしょうか。私はこの言葉を解明するのに多くの時間を要しました。ここで言ってしまえば、コロンブスの卵のようなものですが、2年近く

かかりました。
「超」ブランドの特徴，性格，魅力を説明する言葉は，「稀少性」です。
① 京都は伝統，歴史，格式の町ですが，ほかの町にはない歴史，伝統，格式を持つ数少ない町だから評価されているのです。
② パリも伝統，歴史，ファッションの街です。世界のほかの街にはない伝統，歴史，ファッションを持つ数少ない町だから評価されているのです。
③ ロールスロイスは伝統，格式，重厚さのある車です。ほかの車にはない伝統，格式，重厚さのある数少ない車だから評価されています。
④ カウンタックはデザインに優れた車です。ほかの車にはないデザイン性のある数少ない車だから評価されています。
⑤ 鎌倉も京都と同じです。ほかの街にはない歴史，伝統，格式を持つ数少ない町だから評価されているのです。
⑥ 世界遺産はまさに現在に残された伝統の遺産です。数少ない遺産だからこそ評価されているのです。
⑦ 国宝も世界遺産と同じです。数少ない国の宝だからこそ評価されているのです。
⑧ 博物館にあるものも国宝や世界遺産と同じです。数少ない博物品だからこそ評価されているのです。
⑨ 美術品も博物品と同じです。
⑩ 芸術品も博物品と美術品と同じです。
⑪ ピカソは天才画家です。ほかの画家にはない天才性を有している数少ない画家だから評価されるのです。
⑫ ベートーベンはピカソと同じです。ほかの作曲家にはない天才性を有している数少ない作曲家だから評価されるのです。
⑬ 天皇家は2000年以上の伝統と歴史を持つ家です。他の家にはない伝統と歴史を持つ数少ない家だから評価されるのです。
⑭ イギリス王室も天皇家と同じです。世界的に他の家にはない伝統と歴

史を持つ数少ない家だから評価されるのです。
　このように「超」ブランドをみていくと，次の2点がよく出てくる言葉で，
　① 数が少ない
　② 稀少性がある
　この2つは同じことを意味しています。そこで，これらの2つを集約して「稀少性」にし，以降本書で用いることにします。

(5)「稀少性」とブランド品，ブランド職業

　「超」ブランドを説明する言葉の1つは「稀少性」です。私自身はこの「稀少性」こそは，「超」ブランドを説明する他のどの言葉よりも説明力があると思っています。

　歴史性，伝統性などは長い時間の経緯，経過を説明する言葉であり，「超」ブランドを説明する言葉の1つですが，たとえばカリスマ・モデル（「超」モデル）を説明することはできません。「超」人気作家，「超」歌手も長い時間の経緯，経過とは関係なく，高い評価を得ています。「稀少性」以外の「超」ブランドを説明する共通の言葉を捜したのですが，私には見当たりませんでした。

　そこで本書では，「超」ブランドの特徴，性格，魅力，価値を示す共通の言葉は，「稀少性」としておきます。「稀少性」以外の「超」ブランドの説明表現があれば，ぜひ教えていただきたいと思います。

　さて，「超」ブランドの説明表現は「稀少性」としましたが，この結論に至った経緯を振り返りますと，ブランド品とブランド職業の説明表現を導くために「超」ブランドにも登場してもらいました。ということは，「稀少性」という説明表現がブランド品やブランド職業にも適合するか否かを吟味する必要があります。

　早速「稀少性」がブランド品とブランド職業を説明しているかどうか，見ていきましょう。

【ブランド品と「稀少性」】

　先にブランド品の特徴，性格，魅力を説明する20以上の言葉，表現を羅列しました。これらの言葉，表現が「稀少性」によって説明することができれば，「稀少性」はブランド品を説明していることになります。また，いくつかあげたブランド職業についても同様です。

　すでに，私はブランド品とブランド職業の特性を次の3つに集約しています。この3つの集約が「稀少性」という表現，言葉で示せれば，われわれの目的は達したことになります。

① 　ブランド品もブランド職業も「稀少性」のある製品，サービス，職業だからこそ市場では「高い価格」がつけられ，高価，高給与です。

② 　ブランド品もブランド職業も「稀少性」のある製品，サービス，職業だからこそ市場では「社会的評価が高い」のです。

③ 　ブランド品もブランド職業も「稀少性」のある製品，サービス，職業だからこそ市場では「なかなか手に入れられない」のです。

　このように「稀少性」は，ブランド品，ブランド職業，「超」ブランドを説明する基本的な言葉，表現です。

【ブランドとブランド品などの区分】

　いままでブランドとブランド品などを区別せずに使っていましたが，初歩的な区分をしておきましょう。

① 　ブランドとは，「稀少性」を基本とする製品，職業，都市，人物などの総称

② 　ブランド品とは，ブランド性を有する製品，サービス

③ 　ブランド職業とは，ブランド性を有する職業

7　ブランド品の飽和と「稀少性」

【日本市場の海外ブランド品の飽和】

　ブランドは「稀少性」を基本とします。このことに関する「日本経済新聞」の記事があるので，次に紹介しておきましょう。[11]
　① ルイ・ヴィトン，ティファニー…高級ブランド　日本で減速
　② 出店ラッシュ飽和招く
　「これまで急成長を続けてきた海外高級ブランドの日本での販売に減速感が出ている。『ティファニー』など主要ブランドで売り上げの伸びが鈍化している。出店ラッシュで競争が激化した上，若い女性の嗜好や消費の変化などで需要にも陰りが出てきた。従来ブランド各社は飽和状態になりつつある日本に代わって中国市場の開拓に力を入れ始めた。」
　この新聞記事を「稀少性」の視点から検討してみましょう。
① 高級海外ブランド品は，以前はほとんどが海外旅行の折に買われていましたが，日本への出店が相次いだために，価格は別として，いつでも日本で買える，東京都心部や大阪の中心部に行けば買うことができる，という感覚を日本の消費者に植えつけました。
② 地方都市の百貨店などは，地元消費者の大都市への流出を阻むために，海外高級ブランド店のテナント出店を促しました。このことにより，東京都心部や大阪の中心部でなくても高級海外ブランド品を買うことができるようになりました。
③ 高級海外ブランド品の購入場所は，海外→東京・大阪などの大都市→地方都市へとシフトしたわけです。このシフトは高級海外ブランド品の毎年の新製品による購買喚起にもかかわらず，日本国内ではどこででも，いつでも買える，という消費者の飽和感を醸成してしまいました。
④ 簡単に言えば，高級海外ブランド品は日本国内市場で「稀少性」を失いつつあります。
⑤ 海外高級ブランド店はいままでと違った「稀少性」の提案，提示によ

る店舗展開を図らなければなりません。

⑥　日本市場の飽和感は，海外高級ブランド店の出店の矛先を中国に向けさせようとしています。

⑦　日本市場の海外高級ブランド店のブランド品は「稀少性」を失いつつあることにより，そのブランド性，価値，魅力，特徴そのものが問われています。

⑧　「稀少性」のなくなったブランド品は，単なる製品になるのでしょうか？

図表2-8　飽和状態の海外ブランド

2004年に開業した大型店（改装含む，順不同）

▽ルイ・ヴィトン	東京・銀座，大阪・梅田，京都
▽ティファニー	東京・丸の内，大阪・梅田
▽シャネル	東京・銀座
▽コーチ	東京・丸の内，大阪・梅田，札幌，仙台
▽クリスチャンディオール	神戸，東京・銀座
▽ブルックスブラザーズ	東京・銀座，札幌
▽グッチ	大阪・梅田
▽ブルガリ	大阪・梅田
▽サルヴァトーレ・フェラガモ	大阪・梅田
▽カルティエ	東京・銀座

2005年以降開業予定の主な大型店（改装含む）

▽クリスチャンディオール	大阪・心斎橋（4月）
▽コーチ	名古屋市（4月）
▽カルティエ	東京・表参道（今秋）
▽エルメス	東京・銀座（年内）
▽ポロラルフローレン	東京・表参道（12月–2006年2月）
▽グッチ	東京・銀座（2006年中ごろ）

高級ブランド品の国・地域別消費者シェア

	2004年	2015（予）
その他	8	9
欧州	16	11
米州	17	16
アジア（中国を除く）	6	6
中国	12	29
日本	41	29

（ゴールドマン・サックス調べ）

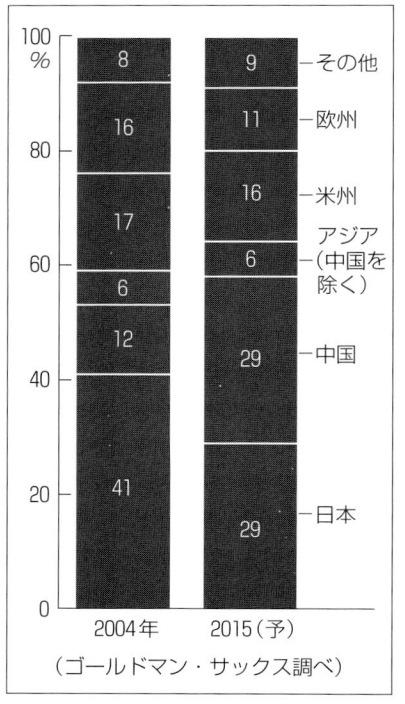

出所：「日本経済新聞」2005年2月12日の記事を加工。

この海外高級ブランド店の飽和状態の記事は，中食市場，食品市場におけるブランド管理の重要性をも訴えています。いくらブランドが確立したといっても，「稀少性」を失ってしまえば定価販売の可能性は薄れていきます。
　この海外ブランド品の記事では，具体的にどのブランドが定価販売できな

図表2-9　水産・米ランキング

	消費者が選ぶブランド	成長力順位	バイヤーが選ぶブランド
水産	①越前がに	20	①関さば
	②松葉がに	23	②関あじ
	③浜名湖うなぎ	29	③大間のまぐろ
	④広島かき	29	④氷見ぶり
	⑤明石タコ	28	⑤的矢かき
	⑥三重の伊勢えび	20	⑤松葉がに
	⑦下関ふく	17	⑦岬あじ
	⑧関さば	15	⑧鮭児
	⑨利尻コブ	31	⑧越前がに
	⑩関あじ	13	⑩下関ふく
コメ	①新潟魚沼産コシヒカリ	3	①新潟魚沼産コシヒカリ
	②秋田産あきたこまち	13	②新潟産コシヒカリ
	③新潟産コシヒカリ	7	③秋田産あきたこまち
	④宮城産ササニシキ	15	④岩手産ひとめぼれ
	⑤北海道産きらら397	23	⑤宮城産ひとめぼれ
	⑥宮城産ひとめぼれ	21	⑤富山産コシヒカリ
	⑦岩手産ひとめぼれ	22	⑦島根産仁多米
	⑧山形産ササニシキ	17	⑧長野産コシヒカリ
	⑨山形産はえぬき	17	⑨山形産はえぬき
	⑩富山産コシヒカリ	11	⑩福井産コシヒカリ
			⑩北海道産ほしのゆめ
			⑩茨城産コシヒカリ
			⑩栃木産コシヒカリ
			⑩山形産コシヒカリ
			⑩三重産コシヒカリ

出所：2005年1月10日「日経流通新聞」より引用，加工。

くなったかを明らかにしていませんが，一方の「朝日新聞」には日本のコメ市場でブランド米ササニシキの凋落振りを報じています。

【コシヒカリの飽和】

2005年4月9日付の「朝日新聞」夕刊は，コシヒカリの低落振りを次のように報じています。

『人気低落が目立つのが，80年代までコシヒカリと人気を二分したササニシキ。ピーク時には20万ヘクタール以上あった作付面積は，2004年産では1万2,300ヘクタールに落ち込んだ。米全体の0.8％。

急落の原因にはいくつかあるが，農水省のある幹部は「無理な生産拡大が響いた」と指摘する。ササニシキは病気に弱く，天候の影響で被害を受けやすい品種なのに「本来は作付けに適さない土地での生産を増やし，味が落ちたという悪評を招いた」というのだ。

コシヒカリも生産地域が広がる一方だが，「どこで生産しても美味しいわけではない」と大手卸会社役員。ササニシキの二の舞とならない保証はない。』

今までの大量生産─大量流通─大量消費の論理の残る経営のもとでは，ブランドは製品の飽和感をすぐに消費者に持たせてしまいがちです。ブランドの本質が「稀少性」であることを再認識する必要があります。

8 ブランドとベキ分布

最近読んだ本で背中がゾクッとした本があります。高安秀樹著『経済物理学の発見』です。この本の中には，フラクタルとカオスという言葉がたくさん出てきます。高安氏によれば，人間の能力は正規分布ではないというのです。[12]

『学校の成績の評価で使う偏差値は，平均値と標準偏差で計算します。偏差値50点が平均点で，60点は平均点から標準偏差分だけ外れた値という意味

です。しかし，このような数値が有効なのは，人間の能力が平均と標準偏差で特徴付けられる分布に従っているという大前提が成立する場合だけです。いろいろな状況証拠から私は，人間の能力の分布もベキ分布に近いものだろうと推測しています。

たとえば，アインシュタインは私よりは桁違いに物理のセンスが優れています。そういう桁違いにすごい人がいるというだけで，分布が正規分布では近似できないものであることはわかります。能力を数値化することには限界があるかもしれませんが，もし，数値化した能力の分布がベキ分布にしたがうのなら偏差値で評価すること自体が意味のないことになるのです。

音楽 CD の売上げなどもベキ分布に従っていることが知られています。大部分の CD はあまり売れないのですが，ときどき非常に売れるものが出現し，さらにその中で100万枚以上売れるようなものも現れるのです。インターネットのホームページのヒット数の分布もベキ分布になっています。おそらく，本の販売部数もそうでしょう。企業所得の分布も，やはりベキ分布にしたがっています。過去のデータで，ずっとベキ分布が持続していることが確認されているのです。このようなベキ分布にしたがう現象に対しては，従来の平均や標準偏差に基づく対処方法とは異なる発想に基づくアプローチが必要です。』

高安氏の言葉を大胆に解釈しますと，人間の能力は少しずつ違うのではなく，大きく飛びぬけている人とそうでない人とに分けることができるそうです。ある数学の試験で50点程度しか取れない人間が49人集まって相談しあっても，100点満点の数学で90点は取れないと思います。数学を得意として100点を取れる人間が1人いないと90点は取れません。

企業の製品も同じです。大ヒット製品を作れる企業は少ないのです。長崎県の友人に聞いた話ですが，長崎県でカステラを作っている企業は2,000～3,000社あるとのことです。しかし，すぐに名前が浮かぶような有名なカステラ屋はほんの一握りです。

同様に，福岡空港にある土産物品店の一角には，いろいろな明太子屋があ

ります。博多の中心部の百貨店にもいろいろな明太子屋が入っています。

　カステラ屋にしろ，明太子屋にしろ，そのブランドが全国的に知られている企業は決して多くありません。有名カステラ屋，有名明太子屋は「稀少性」のある企業です。「稀少性」があるからこそ有名ブランドカステラ企業，有名ブランド明太子企業なのです。[13]

　「稀少性」が無いとブランドにはなれないのです。ブランド品になるには，いろいろな要素が必要ですが，最大の要件は「稀少性」です。「単なる単品」がブランド品になるには，「稀少性」が必要なのです。

●注●
1) 数江良一監修／株式会社グロービス著『MBA マーケティング』ダイヤモンド社，140頁，1997年。
2) どこからどこまでが「単なる単品」で，どこから，いつから，どの時点から「製品ブランド」になったかは製品やサービスの性格，ライフサイクルなどが異なるので，判断基準を策定することはきわめて困難と思われます。
3) 本来ならば「日経流通新聞」ではなく，メーカーの両首脳であるから「日本経済新聞」の方が相応しいと思いました。
4) 「日経流通新聞」2003年2月27日
5) 「日経ビジネス」2003年4月21日号，50頁
6) 5) 前掲書
7) 「日経流通新聞」2003年6月17日
8) 7) 前掲書
9) 「日本経済新聞」2004年7月30日，経済教室「観光で地域ブランド化」
10) 中小企業診断協会編「中小企業ニュース」2004年5月号，46-51頁。
11) 「日本経済新聞」2005年2月12日
12) 高安秀樹著『経済物理学の発見』102-103頁，光文社新書，2004年。
13) 博多全日空ホテルで朝食として出されたのが，鳴海屋の明太子（昆布の）。すごくおいしかったので，それ以降の私の福岡土産となっています。

第3章 製品のブランド化と限定品

　第1章では，ブランド品の特徴は定価販売にある，としました。中食市場で企業経営を行っていく際には，できるだけ自社製品の値引き販売はしたくありません。定価販売することにより高い収益性も確保されます。

　第2章では，ブランド品の特徴，性格，魅力を表す言葉を捜しました。結果として「稀少性」こそが，ブランドの本質を表す言葉だということがわかりました。中食市場の企業経営では，「稀少性」のある製品・サービスを提供することが，その製品のブランド化につながるのです。

　第3章では，ブランド品，「稀少性」のある製品の提供手段としての限定品について記します。ブランド品は「稀少性」のある製品から生まれる可能性が高いので，限定品，限定品マーケティングを通して「稀少性」を消費者に訴えることになります。

1　3つの限定品との出会い

【街づくりと街のブランド品】

　中心市街地活性化法という法律が10年ほど前にできました。大型店の進出による各中心市街地の衰退状況を改善し，再生させることを目的とした法律です。この法律に基づいて各地の市町村は，基本計画を作り，その計画はさらに TMO（Town Management Organization）という組織によって中心市街地の再生を具体化するというプログラムになっています。

　私も宮崎県西都市を皮切りに，神奈川県横須賀市など全国各地の再生のための計画作りの委員長をしました。各市町村の策定した計画は，経済産業省

所管の各地域の経済産業局に持ち込まれ，経済産業局の審査を受けることになっています。経済産業局は各市町村から提出された計画を審査し，優先順位をつける際に4つの基準を用いていました。もちろんこの4つの基準はオープンにされています。[1]

① 全国的に見て先進的な計画内容か
② 地域のさまざまな資源を活かした個性的な計画内容か
③ 各種の事業が総合的に展開され，都市全体への広範な効果が期待できる計画内容か
④ 事業効果添早期に発揮できるよう熟度の高い計画内容か

私も各地の計画策定に際しては，この4つ審査基準をクリアするように誘導，努力しました。

最近，地方ブランドや地域ブランドということが盛んに言われるようになりましたが，その盛り上がりの要因の1つとしてこの中心市街地活性化法をあげることができます。各地では，その地域，地方のブランドが不可欠だと認識するようになってきています。

私自身も地域ブランド，地方ブランド，商店街ブランドといったものの必要性は感じていたのですが，現実問題として実際にどのように地域，地方，商店街ブランドを作ってよいかはわかりませんでした。

いま思うと，宮崎県西都市は全国一のピーマン生産地ですから，「ピーマン」にかかわるキーワード，スローガン，ブランドを作ればよかったし，神奈川県横須賀市では「海軍カレー」をもっと前面に出した地域，地方，商店街ブランドを委員長主導で作るべきであったと反省しています。私の関係した中心市街地活性化計画でどうにか具体的に動いているのは，岩手県二戸市の「薬膳」を核とした街づくりだけのようです。

当時，コンセプト，スローガン，キャッチフレーズ，ブランドという言葉そのものはわかっていたのですが，それらのものをどのように具体的に作ってよいかのノウハウを私自身は持っていなかったのです。また，ノウハウを持っていなくても調査会社，事務局から提出のあったコンセプト，スローガ

ン，キャッチフレーズ，ブランドなどが適切であるかどうかを判断すればよかったのです。

　委員長をやりながら，いつもこの点は引っかかっていました。どのようなコンセプトで，どのようなイベントを行い，集客力のある地域ブランド品，サービスを提供していけばよいのか，明確に創造性のある提言のできない自分を情けなく感じていました。

　当時「ブランドの本質は稀少性にある」との考え方や知識を持っていたならば，中心市街地活性化計画の策定方向も違っていたはずです。ブランド品の本質が「稀少性」にあり，その「稀少性」を実現するには限定品マーケティングを行えばよい，との考えがあれば街づくりの仕方も違っていました。

　現在では，限定品マーケティングこそが街づくりにとっても有効な手法だと思っています。

【経営コンサルティングとブランド品】

　30年以上の経営コンサルティングの経験を持っていますが，街づくりのときと同じように，今後どのようにすべきか，受診企業に対してどのようなブランド品，サービスを提供すべきか，自信を持って勧告できた診断事例は少ないような気がします。

　それは，経営と管理，ブランドなどについてのはっきりとした認識，知識がなかったからでしょう。経営と管理についても最近ようやく開眼しました。

　パイオニア会長の松本冠也氏は，「日経ビジネス」誌の巻頭で，経営と管理について次のように語っています。[2]

　「……（前略）組織が大きくなると管理することが必要になってきますが，それは経営することと同じ意味ではありません。経営とは，世の中にとって何か新しい価値を生み出すことであり，管理の目的は現状を維持することです。経営が管理に堕した時に企業の輝きは急速に色褪せていくのだと思います。」

新しい価値を生み出すことは，新しいブランドを作ることにつながります。新しいブランドには「稀少性」が必要であり，「稀少性」の具現化には限定品マーケティングが必要なのです。企業診断においては限定品マーケティングが有効な手法である，と現在の私は確信しています。
　街づくりにおける限定品マーケティング，企業診断における限定品マーケティング，など限定品マーケティングに対する考え方があれば，ブランドの確立も自ずとうまくいくでしょう。
　このきっかけとなった限定品と私との出会いを，以下にお話しましょう。

【井筒ワインの衝撃→出会い／その１】

　祖父，父もそうでしたが，私も酒を飲むことが大好きです。父は母に晩年「憲一郎は必ず酒で失敗する」といっていたようです。すでに七回忌を過ぎた父親のことを考えると，その言葉は私にではなく父親自身が反省の意をこめていっていたのではないかと想われます。
　父も私もビールと日本酒が好きです。正直言うと，おごってもらうときの酒は何でも良く，自分で金を出して飲む酒はビールと日本酒でした。酒は基本的に燗をせずに，冷酒を飲みますが，酔って気持ちの良い酒ならば何でも良いのです。
　ワインは嫌いではないのですが，とにかく金額的に高いというイメージと通常食べているツマミとなじまないことがありますので，あまり飲みませんでした。2003年10月頃，大学の知人からうまい「生ワイン」の話を聞きました。価格的にも市販で2,000円以下で決して高くありません。そんなにうまいのならば飲んでみようということになり，知人にそのワインを持ってきてもらいました。
　試飲して驚きました。香が良く，フレッシュです。あたかもグレープジュースを飲んでいるようで，さわやかです。他のアルコールの類とは違うと思いました。とにかく，こんなワインがあるのだと，ただただ驚きました。
　「井筒ワイン」と，その生ワインのラベルには印刷されています。「限定契

約醸造品」とも印刷されています（図表3－1）。

　酒やビールは，醸造後の比較的長期の流通に耐えるように「火入れ」と「ろ過」が行われていることは知っていました。「火入れ」と「ろ過」は微生物をある程度除き，必要以上に醗酵させないための処理です。しかし，「火入れ」と「ろ過」の過程は，酒とビールのおいしさの一部を奪っているのも事実です。[3]

　「限定契約醸造品」であるこの「限定品」の生ワインは，とにかくそのおいしさに驚きました。

　それ以降，家で飲む酒は日本酒から生ワインに替えました。ただ，生ワインは貯蔵が大変ですから，大きい冷蔵庫を持ち長期保管してくれる大学のそばの酒屋に保管してもらっています。生ワインは，ボトリング仕立てのものもおいしいのですが，冷蔵庫で熟成している間にもおいしくなることが，わかりました。

　最近，講演には生ワインを持参しています。講演中に試飲してもらうと，生ワインのおいしさと同時に本書のテーマである「限定品マーケティング」の重要性を，身をもってすぐに理解していただくことができます。

図表3－1　井筒ワインのラベル

「限定契約醸造品」の生ワインについては，最近あまり人に教えないことにしています。生産数量も限定なので，私が注文するときに無くなってしまう可能性があるからです。この生ワインには，次のように書かれています。

井筒ワイン無添加にごり生ワイン　赤〔やや甘口〕コンコード　要冷蔵

　信州桔梗ヶ原収穫のコンコード種ぶどうを醸造したワインです。ぶどうがタンクでの発酵を終え，ワインへと変貌を遂げたばかりの段階をそのまま瓶詰めしました。まだ収穫から間もない果実味と発酵の余韻を残す爽やかな味わいをお楽しみください。
・酸化防止剤や保存料などの食品添加物は一切使用しておりません。
・瓶内での酵母菌の活性化による再発酵抑えるため，必ず冷蔵庫（10℃以下）に保管し，できるだけ早くお飲みください。
・開栓の際にワインが吹き出ることがあります。充分冷やし，布巾で包みながら開栓するなどして吹きこぼれにご注意ください。
・ガラス製の容器です。割れない様，優しくお取り扱いください。

　冷やした状態（5℃～8℃前後）でお飲みいただくのがお勧めです。製品の性質上，ぶどうの果実成分がそのままにごりや沈殿として残ります。また，ぶどうの持つ有機酸が結晶を生ずることがありますが，品質には問題ありませんのでご安心ください。
アルコールですので飲み過ぎにはご注意ください。
栽培から醸造まで国産ぶどう100％のワインです。
　　果実酒　容量　720ml
　　　　　　アルコール分　14％未満

【東京ミレナリオの輝き→出会い／その2】

　サラリーマンをやっていると，仕事のある日は仕方なく職場まで行きますが，休日はなるべく職場には近づきたくないものです。私は，26年間銀座の職場に勤務していたので，職場からすぐの東京駅周辺で開催されている東京ミレナリオには，まったく行きたいと思っていませんでした。
　でも，ある日，通勤電車内でポスターを見て気が変わりました。東京ミレナリオの点灯時間を見たからです。

① 2003年12月24日（水）～31日（水）　17：30頃～21：00頃
② 2004年1月1日（木・祝）　0：00頃～3：00頃

　普通のイルミネーションは，たいてい12月から1月一杯ぐらいまで点灯しています。少なくとも松の内までは点灯しています。それが，1月1日の真夜中に終了してしまうのです。点灯日も8日間の限定です。

　東京ミレナリオは，限定日の限定時間点灯なのです。

　限定イルミネーションであることがわかり，行くことにしました。12月26日ならばクリスマスも済んで空いていると思いましたが，行って驚きました。その混み方は異常です。道路を人が埋めていて，イルミネーションのあるストリートから随分と離れたところまで誘導され，そこから列が止まり止まり進んでいくのです。1時間以上経っても列は亀が進むがごとくです。

　並ぶのが途中でいやになり，亀の列から離脱して終点周辺に行きました。そして，そこで5分ほど眺め，写真を撮って帰ってきました。終点出口からでしたが，東京ミレナリオはすばらしいイベントでした。

図表3-2　東京ミレナリオのポスター

第3章　製品のブランド化と限定品● 61

東京ミレナリオは，素敵な限定サービスだったのです。

【100年前のラーメンの味→出会い／その３】

私は，茨城県笠間市の中心市街地活性化委員会委員長もやっていました。笠間市は笠間焼き，笠間稲荷，日動美術館などで有名な町です。

2004年２月に笠間市役所の担当者から電話がかかってきて，笠間稲荷の前にある笹目酒造の酒蔵の前で，100年前のラーメンが食べられるというのです。100年前のラーメンということで興味を持ちましたが，自宅から笠間までは２時間30分かかります。交通のことを考えると二の足を踏みます。

笠間市の担当者は，ラーメンを提供するのはその日だけの限定で，しかも1,000杯限定だというのです。

100年前のラーメンで，当日限定，1,000杯限定となると，二度と食べられ

図表３-３　来来軒のチラシ

― 100年前のラーメンがあじわえる ―

本日限り
売切御免！

麺１杯 ￥500

（開催場所）
笠間稲荷 門前
笹目酒造

日本最古の
支那そば
ここに再現

小島進氏来る！

あの「トクちゃんらーめん」の

来々軒四代目直伝！

ないとの思いが強くなり，結局笠間に行きました。
　①　日本で初めてラーメンを食べさせたのは，浅草の「来々軒」
　②　4代目「来々軒」で修行した小島進という人が経営
　③　1日限定，1杯500円
　④　1,000杯限定のラーメンを提供
　⑤　1,000杯の計算は，箸の数で管理
とのことでした。

　私はおいしいラーメンだと，おつゆは残さず，お替りもします。でも，この日のラーメンは，麺を3分の1残し，おつゆも半分くらい残しました。

　しかし，100年前の，1日限定，1,000杯限定と3つ条件が並んだラーメンに惹きつけられたのは事実ですし，2時間半かけてラーメンだけを食べに行ったのです。限定ラーメンは，私にとって非常に魅力的だったのです。良くなかったのは，結果だけなのです…。

2　製品のブランド化と限定品

【3つの限定品との出会い】

　井筒ワイン，東京ミレナリオ，100年前のラーメンという3つの限定品，限定サービスに出会ったのは，2003年秋から2004年春にかけての半年の間でした。この3つの限定品・サービスとの出会いは，今でも強烈に記憶に残っています。

　人生も60年近くやっていますと，若い頃はいろいろ感激，感動したのですが，最近はそんなことも多くありません。限定サービスが60近い自分を惹きつけることは，そのこと自身が新鮮でした。これならば，人々を魅了する可能性がある，と思いました。そしてその時，ブランドの魅力と限定品の魅了が，わたしの頭の中でドッキングしたのです。

【ブランド品の魅力と限定品の魅了】

ブランド品ほどではなくても，限定品ならば人々を魅了する可能性がある，と思いました。

ブランド品と限定品を上下関係で考えると，もちろんブランド品のほうがはるかに上です。でも，限定品にもブランド品ほどではないけれど，何らかの魅力がある，と思ったのです。そこから両者には，どのようなつながりがあるのかを考えはじめました。

現在は「単なる単品」でも何らかの魅力を備えていけば，ブランド品になる可能性があります。問題は，その「単なる単品」の「何らかの魅力」です。

頭の中はブランド品と限定品で一杯になりました。

いま，頭の左側に「限定品」がいます。頭の右側には「ブランド品」がいます。左側から右側に向かって，限定品の特徴，性格，魅力の本質とブランド品と接点を求める動きが出てきました。【→の動き】

右側から左側に向かって，ブランド品の特徴，性格，魅力の本質と限定品と接点を求める動きが出てきました。【←の動き】

その動きも前章で示した段階よりも前に進みました。製品ブランドだけではなく，ブランド品の特徴，性格，魅力の本質は「稀少性」です。ブランド品の持つ特徴，性格，魅力は「稀少性」だけではありませんが，ただ「稀少

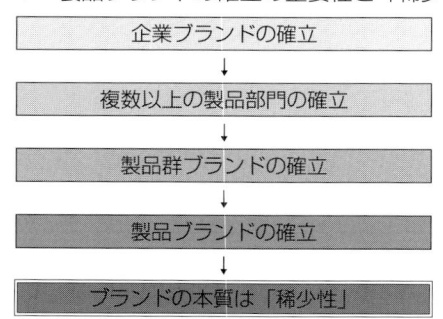

図表3-4　製品ブランドの確立の重要性と「稀少性」

```
企業ブランドの確立
      ↓
複数以上の製品部門の確立
      ↓
製品群ブランドの確立
      ↓
製品ブランドの確立
      ↓
ブランドの本質は「稀少性」
```

性」のないブランド品はないのです。

　この段階にくると，ブランド品の持つ「稀少性」と限定品の持つ特徴，性格，魅力が極めて近い位置にあることがわかります。

　念のために,稀少性と限定の言葉の意味を確認しておきましょう。2つの言葉の間に，厳密な一致点を見出すのは困難ですが，限定を進めていくと稀少の世界にたどり着くことは，容易に理解できます。
・限定とは，限り定めること
・稀少とは，まれで少ないこと

　別の言い方をすれば，限定品は稀少性を持つ可能性がある，ということです。【稀少性→限定性】との方向性は難しいとしても，【限定性→稀少性】の方向性は容認できます。限定性の必要条件の1つが稀少性だといえます。

　結論付けるならば，限定品は稀少性のある製品すなわち稀少品になる可能性があります。この限定品と稀少品との関係を表すと，**図表3-5**のようになります。

　私の頭の中では，製品ブランド→「稀少性」→限定品→限定品マーケティング，という構図ができあがっています。限定品開発のためには，限定品マーケティングを行うというのが本書の結論でもあります。

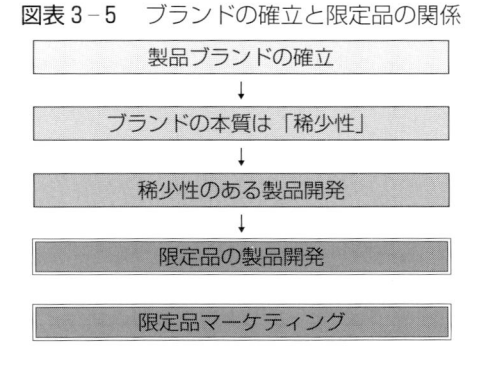

図表3-5　ブランドの確立と限定品の関係

```
製品ブランドの確立
      ↓
ブランドの本質は「稀少性」
      ↓
稀少性のある製品開発
      ↓
限定品の製品開発

限定品マーケティング
```

●注●
1) 通商産業省編『中心市街地活性化対策の実務』ぎょうせい，1998年9月，50頁。
2) 「日経ビジネス」2004年9月27日号，「有訓無訓」。
3) 酒造メーカーの月桂冠のホームページでは，火入れを次のように説明しています。

「清酒を加熱して微生物を殺菌し，清酒の香味を変質させる酵素を破壊する操作を「火入れ」といいます。熟成度を調節し，保存性を高める効果があります。通常は，酒をしぼった後びん詰する前に火入れが行われます。

酒を腐らせる火落菌（ひおちきん）という乳酸菌は，アルコールが十数パーセントも含まれた清酒にも好んで繁殖します。この菌が増えると，酒は白濁し，酸味をともなう特異な臭いが発生します。

この火入れは，パスツールがワインの保存性を高めるために発見した低温殺菌法と同じ手法です。わが国ではその約三百年前にこの手法が発見されていたことになります。「多聞院日記（たもんいんにっき）」（室町時代末期）には「酒を煮させ樽に入れ了（おわ）る，初度なり」など火入れの記録が残されています。

明治末期までは鉄釜で清酒を直接煮ていましたが，大正時代（1920年代）頃から，熱湯を入れた桶の中の蛇管に酒を通しながら加熱する方法が用いられるようになりました。現在では，この蛇管式のものやプレート式熱交換器などが用いられています。

（参考文献）黒野勘六著『醸造学各論要義』日本醸造協会，1926年。」

第4章 限定品とは

　第1章では，中食市場の企業サイドからみたブランドの価値は定価販売にある，と述べました。中食市場の企業は企業ブランド化，製品のブランド化を目指すべきですが，ブランドの本質を知らなければ，ブランド化は困難です。
　第2章では，ブランドの本質は「稀少性」であることを明らかにしました。
　第3章では，ブランドの本質である「稀少性」を実現するためには，限定品のマーケティングが必要だと結論付けました。しかし，限定品がどのようなものであるかについては，深く触れていません。
　第1章から第3章までをまとめると，製品のブランド化には「稀少性」→「限定品」の流れが必要である，ということになります。それでは限定品とはいったいどのようなものなのか。
　いよいよ，この第4章から限定品の本論に入ります。まずは限定品の定義です。

1　限定品とは

【限定品とは】

　限定品について，一応定義しておきましょう。
　まずは，当たり前のことを定義します。この定義についての反論はほとんどないでしょう。

『限定品とは，限定された製品・サービスです』（定義／その１）

この定義に従えば，限定品は２つの部分からなります。すなわち
・「限定された」の部分
・「製品・サービス」の部分

「製品・サービス」の部分についてですが，製品とは市場で取引される有形の財のこと，サービスは無形の財のことです。しかし，ここでは「製品・サービス」を２つの用語に分離せず，単に「製品」としておきます。ですから製品といった場合に，実際にはサービスを含むものとお考えください。

よって，限定品は「限定された製品」ということになります。

本来ならば限定品を定義するときには，まず「限定」の部分を定義し，続いて「製品」の部分を後で定義するのが順当なやり方ですが，ここでは逆転した形で定義します。まず製品の定義です。

【製品の定義】

マーケティング学者コトラーは，製品を次のように定義しています。[1]

『製品は，ニーズとウォンツを満足させるため，注目，取得，使用，消費，を目的として市場に提供されるもの』

限定品は「限定された製品」ですが，製品の部分の定義には，このコトラーの製品の定義をそのまま借用することにします。

【限定品の定義】

ここでは「限定した」の部分を詳しく説明しないまま，コトラーの製品の定義を借用し，限定品を定義します。すると次のようになります。

『消費者のニーズやウォンツを満足させるために，数量，個数，販売場所，販売時間，販売期間などのマーケティング・ミックスを限定し，注目，取得，使用，消費を目的として市場に提供される製品・サービス』─（定義／その２）

---

2 限定品の限定とは

限定品の「限定した」とは，次の要素から成っています。
① 数量
② 個数
③ 販売場所
④ 販売時間
⑤ 販売期間
⑥ マーケティング・ミックス

特に必要なのは，⑥のマーケティング・ミックスです。

【マーケティング・ミックス】

マーケティング・ミックスは，マーケティング論の基本的語句です。念のために，説明しますと，「消費者，競争相手，自社から得られた情報をもとに，どのような製品を作り，いくらで売り，どの流通チャネルに乗せ，どのような販売促進を行うか，という一連の過程」です。

【3C】

成功するマーケティング活動を行うには，消費者，競争企業，自社の分析が不可欠です。この3者の英語の頭文字を取って，マーケティング活動の前段階の過程をマーケティング環境分析と呼んでいます。マーケティング環境分析は，「3C」であり，具体的には次の「3つのC」のことです。

① Customer ：顧客
② Competitor：競争相手の企業
③ Company ：マーケティングを行う企業そのもの（自社）

【4P】

消費動向，競争企業の動向，自社の将来戦略をマーケティング環境分析に

おいて明らかにしたあとは，自社としてどのような製品やサービスを作り，どのようにして販売していくかが課題になります。[2]

マーケティング・ミックスとは，3Cから得られた情報をもとに具体的な製品戦略，価格戦略，コミュニケーション戦略，流通戦略の4つの戦略を最適な状態に組み合わせることです。

このマーケティング・ミックスは，一般に「4P」と呼ばれ，具体的には次の4つの英語の頭文字です。[3]
① Product　：製品戦略
② Price　　：価格戦略
③ Promotion：コミュニケーション戦略
④ Place　　：流通戦略

マーケティング・ミックスとは，製品戦略，価格戦略，コミュニケーション戦略，流通戦略の組み合わせのことを言います。また，マーケティング環境分析とあわせるとマーケティング論そのもののことを指します。

マーケティング行動とは，マーケティング環境分析とマーケティング・ミックスをプラスしたものとして解釈していただいて構いません。

限定品マーケティング・ミックスのことを，本書では限定品マーケティングとミックスをつけずに呼ぶこともありますが，限定品マーケティング＝限定品マーケティング・ミックスとお考えください。本書では，マーケティング環境分析よりもマーケティング・ミックスの方を優先させているからです。

3　限定品の定義

限定品の定義を再度示しておきます。

『消費者のニーズやウォンツを満足させるために，数量，個数，販売場所，販売時間，販売期間などのマーケティング・ミックスを限定し，注目，取得，使用，消費を目的として市場に提供される製品・サービス』

限定品の開発，展開，提供にあたってもっとも大切なのは，数量，個数，販売場所，販売時間，販売期間などのマーケティング・ミックスのうち，どの要素を限定するかです。

4　限定品の種類

　限定品は，限定されたマーケティング・ミックスによって市場に提供される製品です。どのような種類の限定品があるかは，次に羅列したものを見てもらえれば，それぞれの限定品をイメージすることができると思います。なお，ここでは限定品の種類の提示だけに止め，各限定品の詳しい内容の説明は第6章でいたします。

① 製品アイテム限定品
② 個数限定品
③ 数量限定品
④ 時間限定品
⑤ 曜日限定品
⑥ 週限定品
⑦ 月限定品
⑧ 期間限定品
⑨ 季節限定品
⑩ 時代限定品
⑪ 価格限定品
⑫ 地域限定品
⑬ 流通限定品
⑭ コミュニケーション限定品
⑮ 予約限定品
⑯ 製作者限定品
⑰ 会員限定品，メンバー限定品

⑱　材料限定品
⑲　仕入先限定品
⑳　鮮度限定品
㉑　テーマ限定品（コンセプト限定品）

5　限定品の特徴

限定品の特徴には，いろいろあります。すでに示した定価販売，値引きなし販売，高収益性，稀少性以外に，次のような表現も可能です。
①　他社にない特徴を際立て，低価格でなくても売れる状況を作ることによって価格競争の回避を狙う手段としての製品（定価販売性）
②　数量を限定することによって，商品の価値を上げるもの（稀少性）
③　製品の数量，個数，販売場所，期間などを限定したもので，ブランドイメージが強くなり，その製品の価値は上がることが多い（ブランド性）
④　「特別な物を所有，消費している」という満足感（顧客満足性）
⑤　大量生産―大量流通―大量消費ではないもの（非大量性）
⑥　限定生産―限定流通―限定消費なもの（限定性）
⑦　限定品は，オンリーワン製品への過程の製品・サービスでもある。そこにしかない，それしかない製品（オンリーワン性）
⑧　One to one marketing への1つのプロセス（One to one marketing 性）

6　限定品の台頭の背景

限定品の事例を示せば，すでに私どもの消費の現場では，いかに限定品が生産され，限定品が流通し，限定品が消費されているかが容易に理解できます。とくに，コンビニエンスストアでは限定品を意識した品揃えが行われて

います。

　なぜ，市場では限定品が台頭し始めてきたか，その背景を知ることも大切です。限定品の台頭の背景には大きく３つの理由があります。
① 　大量生産―大量流通―大量消費の限界
② 　消費者は次第に高次な欲望を満たす
③ 　コンビニエンスストアの台頭

【大量生産―大量流通―大量消費の限界】

　ガルブレイスは，限定品の出現を予言するような言葉を「日本経済新聞」に載せています。[4]

　『日本経済は1990年時代以降，長期の停滞を続けてきたが，この原因については私なりの見方がある。それは日本人の生活上の基本的な欲求がすでに十分満たされている，ということである。自動車をはじめとして消費財はすでに保有しており，もう買う必要はない。一方，こうした製品に代わって，人々の興味や関心をひくものは十分供給されていないのである。基本的な欲求が満たされれば，人々の関心はモノではなく，楽しみや知識に向かう。美術，科学，教育などである。

　もちろん，こちらに向かって進んではいるが，これらの振興にもっと努力すべきだと思う。モノが満たされた社会では発展の方向はここにしかないからだ。日本ではこれまで，製品の生産に関心が行き過ぎた面がある。』

　ガルブレイスが指摘するのは，次の点です。
① 　日本人の生活上の基本的な欲求がすでに十分満たされている
② 　消費財はすでに保有しており，もう買う必要はない
③ 　製品に代わって，興味や関心をひくものが十分供給されていない
④ 　日本ではこれまで，製品の生産に関心が行き過ぎた面がある

　ガルブレイスは，日本人は大量生産―大量流通―大量消費によって，生活上の基本的な欲求はすでに十分満たされている，と言及しています。そして，大量生産―大量流通―大量消費製品に代わって，人々の興味や関心をひ

くものは十分供給されていない，とも言っています。

　ガルブレイスは大量生産―大量流通―大量消費を全面的に否定しているわけではありませんが，それ以外の生産，流通，消費も必要だといっているような気がします。その1つは限定生産―限定流通―限定消費です。

　いまや大量生産―大量流通―大量消費は，日本の消費生活の基礎となっていますが，それ以外のものを取り入れた消費生活を送りたいという気持ちもあります。

【マズローの欲求5段階説】

　マズローが唱えた欲求5段階説を，ここに示しておきましょう。[5]

　『欲求説として有名なのが，マズローの欲求段階説です。マズローは，人間の欲求を5段階に分類しました。

　第1段階は生理的欲求（空気，水，食物，睡眠，性など生存に必要な最低限の欲求，生命維持本能のことで，食べていくための糧や給与など）。

　第2段階は安全の欲求（危険や脅迫から身を守ろうとする欲求で，自己防衛本能。年金や保険，職務や会社の安定の欲求など）。

　第3段階は帰属の欲求（家族や職場などの集団に帰属したいとする社会的欲求）。

　第4段階は尊重の欲求（尊重されたい尊敬されたいという欲求で，地位の欲求や認められたいという気持ち）。

　第5段階は自己実現の欲求（最も高次で，しかも最も人間的とされる動機づけであり，行動により報酬を得るのではなく，行動そのものを目的とする動機づけ）。

　これらは段階が低いほど本源的な欲求を示していて，順次低次から高次へ階層をなし，順序関係は不可逆的とみなされます。』

　中食市場，食品市場についてみるならば，大量生産―大量流通―大量消費によって，わが国の欲求水準はすでにマズローのいう3段階目の欲求である帰属の欲求，あるいは社会的欲求を満たしており，さらなる自我の欲求，

自己実現の欲求の段階を求めているのではないでしょうか。

【コンビニエンスストアの台頭】

　コンビニエンスストアの雄であるセブン-イレブンは，スーパーマーケット，百貨店など各社の売上高を抜き，日本一の売上高を誇っています。またセブン-イレブンに限らずコンビニエンスストアは，常に新しいマーケティング，IT推進を展開しています。

　そして，いまコンビニエンスストアが行っている注目すべきマーケティングの手法の1つに限定品マーケティングがあります。このことについては，第6章，第7章で詳しく説明します。

【製品の5次元】

　前述のP・コトラーは，製品には5つの次元があると述べています。[6]

① 中核ベネフィット→製品の本質をなす基本的なメリットや性能を指す。ホテルには「休息」，口紅は女性に「希望」。

② 一般製品→製品の基本形。ホテルはフロントと客室からなる建物である。

③ 期待された製品→買い手が購入するとき期待する属性と条件の組み合わせである期待された製品。ホテル客には清潔なベッド，石鹸とタオル，電話，浴室とトイレ，静けさ。
　　顧客が買うのは「期待製品」である。「実際製品」「包括的製品」とも呼ばれている。顧客が普通期待するような補助的な品質・サービスが含まれる。

④ 拡大された製品→ある企業の提供を競争企業から差別化できるような付加的なサービスを含む拡大された製品。ホテルではテレビ，チェックインとチェックアウト，おいしい食事，ルームサービス。現在の競争はこの第4の次元で行われている。

ほとんどの製品は拡張されており，ほとんどの場合，拡張の種類や程度をめぐっての競争サービスが行われる。製品の拡張は生産者にとってコスト増につながる。場合によっては製品の拡張を中止し，製品の価格を引下げることで戦略上優位に立てることもある。しかし，たいてい一時的であり，ライバルも同じ対応をしがちである。

期待製品・拡張製品が当たり前になるとライバルもまねをするから，拡張製品のつもりが期待製品に引き戻される。

⑤ 潜在的製品→製品の将来のあり方を示す潜在的製品。

コトラーは，この5つの製品の次元を示す事例としてホテルのサービスを用いているので，少し理解しにくいところです。惣菜，料理，食事という中食市場の視点から，この5つの製品の次元を考え直しておくのもよいでしょう。

① 中核ベネフィット（コア・ベネフィット）

惣菜，料理，食事のコア・ベネフィットは，「空腹感」をなくすことです。学生食堂の食事の基本は，まさに空腹感をなくすことにあります。プラスティック製の食器，箸，トレー，薄いおいしくないソースと醬油，空腹時でなければ残すであろう料理。学生食堂の最大のメリットは安いことです。一部の学生食堂では，改善が始まっているといわれていますが，大部分は，空腹をなくすというコア・ベネフィットの場所です。特にご飯とお汁のまずさには定評があります。

② 一般製品（ジェネラル・プロダクト）

惣菜，料理，食事の一般製品（ジェネラル・プロダクト）は，ファミリーレストランの食事あるいはコンビニエンスストアの弁当です。ご飯には注意を払っており，学生食堂のご飯とは一線を画することができます。最近のコンビニエンスストアは，弁当の高価格品の提供も始めてお

り，改善されつつあります。
③ 期待された製品（エクスペクティッド・プロダクト）

惣菜，料理，食事の期待された製品（エクスペクティッド・プロダクト）とは，市中のレストランの食事です。メニューすべてに満足するものではありませんが，お奨めの一品は，比較的高く評価され，広く知られています。

④ 拡大された製品（オーギュメンティッド・プロダクト）

惣菜，料理，食事の拡大された製品（オーギュメンティッド・プロダクト）は，有名レストラン，一流ホテルのレストランの食事です。おいしい食事にワイン，そして気のきいたサービス。もちろん食事の代金以外にサービス料もとられます。

⑤ 潜在的製品

惣菜，料理，食事の潜在的製品とは，生演奏，妻以外の美女，シャンペーンなどが伴った外国での食事となりましょうか。中食市場では，一般製品（ジェネラル・プロダクト）での競争が最も激しいのですが，デパ地下やホテーでの期待された製品（エクスペクティッド・プロダクト）が話題になっており，期待された製品（エクスペクティッド・プロダクト）に新規参入する企業が増えています。問題となるのは，いままでのブランド，流通チャネルで期待された製品（エクスペクティッド・プロダクト）を提供できるか，ということです。

中食市場では，いま期待された製品（エクスペクティッド・プロダクト）の提供を可能にする限定品マーケティングが求められています。

7 限定品とマーケティング上の位置づけ

わが国の市場をみますと，あらゆる種類の市場で大量生産―大量流通―大量消費の態勢が整っていることは，ガルブレイスの言を待ちません。

コンビニエンスストア，100円ショップなどの新しい流通の業態が展開さ

れるたびに，新しい生産体制のもとに新しい製品が創られ，消費されています。100円ショップにはこんな商品まであるのかと，いつも驚かされます。100円ショップでは，単に価格が100円というだけでなく，コンビニエンスストアやスーパーマーケットでは売られていない新しい商品も提供されています。最近では生鮮100円ショップも登場しています。

いままでのマーケティング論は，大量生産—大量流通—大量消費の態勢をいかに確立するかが中心的課題でした。そして，先進国ではこの態勢が制度となって確立されたために，「個」あるいは「個人」に焦点をあてたマーケティング論が展開されるようになりました。この「個」を対象としたマーケティング論，手法には次のようなものがあります。

【リピーター・マーケティング】

① ワン・トゥー・ワン・マーケティング

　1人1人のお客に満足を与えるマーケティングの考え方。

② データベース・マーケティング

　クレジットカードなどのカードから1人1人の顧客の消費行動をつかみ，顧客に満足を与えるマーケティング活動を行おうとするマーケティングの考え方。

③ カスタマー・サティスファクション・マーケティング

　お客の満足がもっとも大切である，との主張に基づくマーケティングの方法です。1人1人のお客の満足が大切であるとの考え方からスタートしています。

④ リレーションシップ・マーケティング

　スカンジナビア航空は，顧客の中心をそれまでの新規顧客から馴染み客に変えました。リピーター客ほどスカンジナビア航空に売上と利益をもたらすことが判明したからです。新規顧客開拓型マーケティング（大量生産—大量流通—大量消費の中心的命題は新規顧客開拓です）から顧客維持型マーケティングへの転換の象徴となりました。スカンジナビア

航空のやり方は，リレーションシップ・マーケティング（関係維持型マーケティング）と呼ばれ，世界に紹介されました。

私は，これらの新しいマーケティングを総称してリピーター・マーケティングと呼んでいます。これらの主眼が顧客のリピーター化にあると判断したからです。しかし，これらのマーケティング理論，手法はITを駆使して日々進化していますが，本格的なリピーター・マーケティングが進化，本格化するにはまだ時間がかかりそうです。

リピーター・マーケティングでは，いずれも「個人」「顧客維持」「顧客満足」「IT活用」がマーケティングのキーワードとなっています。リピーター・馴染み客をいかに増加させるかを最大のポイントにするマーケティングの考え方ですから，私はリピーター・マーケティングと呼んでいます。

リピーター・マーケティングは「個」を主眼に置き，大量生産―大量流通―大量消費のマーケティングは「マス」を主眼において展開されています。ITの進化は，かつてない勢いで「マス」から「個」への製品・サービス提供を可能にすると思いますが，「マス」と「個」の中間に「限定品」の存在がある気がします。

すでに確立した大量生産―大量流通―大量消費のシステムは，次第にほころびを見せることになりますが，やはり生産―流通―消費のシステムの中核にあることは疑いの余地はありません。大量生産―大量流通―大量消費のシステムは，コスト削減，効率という面での大きなメリットを持っています。このメリットが失われて，このシステムが0に近づくことはない，と思います。

いくらリピーター・マーケティングが進んだとしても，それは大量生産―大量流通―大量消費のシステムを補完するにとどまると，私は思います。

【限定品マーケティングの登場】

そして大量生産―大量流通―大量消費のシステムを補完する「個」のシステム以外のシステムとして，「限定品」のシステムが形成されていくと思い

ます。

　現在は，大量生産─大量流通─大量消費と「個」のシステムという２極が対比されているようですが，今後はこの２極に「限定品」が加わっていくと思います。「個」のシステムは高価格品，ファッション品，ブランド品などいわゆる高級品市場の中核となり，低価格品，日常品，普及品は相変わらず「マス」のシステムが中心であると思います。

　限定品のシステムは，「個」と「マス」のシステムの両端を溶かすようにして，進行するシステムです。この限定品のシステムは，限定生産─限定流通─限定消費のシステムでもあります。が，「個」「限定品」「マス」の領域，範囲，規模，大きさ，市場は製品・サービスの種類，性格によってももちろん違いますが，企業の判断によっても大きく違ってくるところです。

●注●
1)　P・コトラー著／村田昭治監修『マーケティング　マネジメント』プレジデント社，1996年，412頁。
2)　状況によっては，マーケティング環境分析と同時に製品，流通チャネルなどを同時並行的に具体化するケースもあります。日経産業消費研究所の委員会でお会いしている三菱化学株式会社執行役員の古澤隆士氏は，現実としては３Ｃを確定してからではなく，３Ｃと４Ｐを同時進行させるケースのほうが多い，と話していました。
3)　ProductとPriceがそれぞれ「製品戦略」「価格戦略」と訳され用いられることについての疑問はありません。両者とも英語と日本語の訳語と対応しています。しかし，PromotionとPlaceが「コミュニケーション戦略」「流通戦略」と訳されていることに対しては，若干の疑問が残ります。この疑問を明らかにしておきましょう。
　　マーケティング研究で有名なノースウェスタン大学のIMC学科は，従来のマーケティングの４Ｐの定義はあまりにも生産者の視点からの定義であり，消費者の視点からの新たなる定義が必要であるとの見解を示し，４Ｐを４Ｃにすべきである，と提唱しました。
①　Productに対応して「Customer Value」（顧客価値）
②　Priceに対応して「Cost」（対価）
③　Promotionに対応して「Communication」（コミュニケーション）
④　Placeに対応して「Convenience」（利便性）
　　これらの提案もあり，Promotionに対応してCommunication戦略，Placeに対応し

て流通戦略が用いられているようです。
4)　J・K・ガルブレイス「日本経済新聞」朝刊「私の履歴書」2004年1月30日。
5)　野村総合研究所のHP「経営用語の基礎知識」の「欲求5段階説」の項目。
6)　1)前掲書，412-416頁。

第5章 限定品開発のヒント

　本書の主たる目的は「単なる単品」を限定品マーケティングにより，限定品としての特徴を全面にだし，「稀少性」を演出することにより，製品のブランド化を図ることです。このサクセス・ストーリーを図で表すと，次のようになります。

　　図表5-1　製品ブランド化へのサクセス・ストーリー

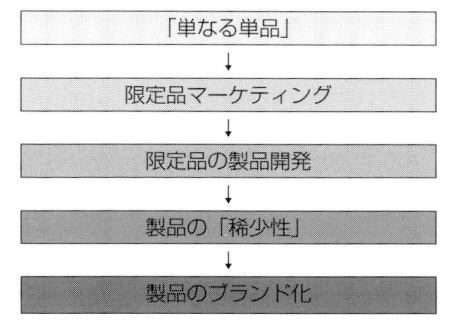

```
┌──────────────┐
│　「単なる単品」　│
└──────┬───────┘
　　　　　↓
┌──────────────┐
│　限定品マーケティング　│
└──────┬───────┘
　　　　　↓
┌──────────────┐
│　限定品の製品開発　│
└──────┬───────┘
　　　　　↓
┌──────────────┐
│　製品の「稀少性」　│
└──────┬───────┘
　　　　　↓
┌──────────────┐
│　製品のブランド化　│
└──────────────┘
```

　第4章でマーケティング・ミックスについてお話しました。マーケティング・ミックスは製品戦略，価格戦略，コミュニケーション戦略，流通戦略の4Pの組み合わせのことを言います。マーケティング・ミックスは，マーケティング環境分析とあわせるとマーケティング論そのもののことを指します。

　マーケティング・ミックスの中でも，もっとも大切なのが製品戦略，製品開発です。価格戦略，コミュニケーション戦略，流通戦略のそれぞれの戦略に失敗すると，製品戦略そのものも駄目になる可能性がありますが，やはり

製品戦略が限定品マーケティングにおいてももっとも大切な戦略です。

さて，本書では限定品の製品開発だけではなく，限定品のマーケティング全体については次章でより詳しく説明するつもりです。この章では限定品マーケティング・ミックスの中でも特に重要な製品戦略について，そのヒントをみておきたいと思います。

1 日経産業消費研究所の製品力評価

製品戦略はマーケティング論の中でも中核をなす部分です。どうすれば市場に受け入れられる製品を開発できるかが，製品戦略の基本的命題です。製品戦略によって開発された製品は，市場からの評価を受けます。その製品が市場から受け入れられているかどうか，の評価です。

食品市場では1,000アイテムの製品を開発しても，ヒット商品になるのは3アイテム前後だといわれています。とすると，その確率は0.3％ときわめて低い数値です。ロングヒット商品になると，確率はもっともっと低くなります。0.3％よりも2桁あるいは3桁以上確率は低くなる可能性はあります。中食市場でも同じでしょう。

現在の中食市場で受け入れられている製品とはどういうものなのか，ヒット商品を作るにはどのような注意を払ったらよいのか，どのような角度から新製品を評価していけばよいのか，製品開発に当たってはいろいろな情報を入手，調査，分析する必要があります。

中食市場の製品の持つ力，製品力の事前調査，事前分析も必要です。

日経産業消費研究所という研究所があります。日本経済新聞社の持つ研究所の1つで，産業と消費に関わるいろいろな調査と研究を行い，その結果を日経各紙や刊行物に発表しています。この研究所の主催する委員会の1つに「新製品委員会」があります。この委員会では，市販された製品のマーケティングの結果について評価を行い，その結果を「日経　新製品レビュー」という専門誌に掲載しています。この専門誌のサブタイトルは「ヒット商品を

創るための専門誌」です。幸運にも私はこの委員会の委員の1人で，20年近くお手伝いしています。

　月に2回の委員会には各界の専門家が出席し，新製品の評価を行っています。評価対象となる製品は中食，食品ばかりではなく，あらゆる市場分野の新製品が評価の対象となっています。1つの製品について，原則4人の委員がいろいろな角度で評価することになっています。

　各委員に対して事前評価すべく，当該新製品に関する資料とチェックシートが郵送されてきます。各委員はスーパーマーケットなどで実際に新製品を購入した経験などを踏まえ，さらに資料に基づいてチェックシートの各項目に評価を加えていきます。評価の終わったチェックシートは電子メールで事務局に戻します。事務局では，1つの製品についての委員4人の評価結果を一覧表にします。各委員は，自分以外の委員が同一の新製品の各調査項目に対してどのような評価を行ったのか，委員会当日まで知ることができません。

　毎回の委員会には，一覧表になった資料と弁当が机の上に準備されていますが，どの委員もまずその資料に目を通します。他の委員がどのような評価を行っているか心配だからです。他の委員と評価がほぼ似ていると私はホッとしますが，違ったときは一瞬不安な気持ちになります。大事な部分について評価を見落としたのではないかと不安だからです。

　新製品だけではなく，新しいサービス，新しい商業集積が評価対象になることもあります。最近では日本橋の「コレド」と日本橋三越の新館もそれぞれ評価対象となりました。

　委員の1人は某百貨店の現役役員で監査役です。百貨店の現場は十分にご存知なので，この方との評価が大きく違うと，私は説明に困る可能性があります。「コレド」についての評価はほぼ同じでしたが，日本橋三越の新館の評価は大きくわかれました。この評価過程はここに記述できませんが，休み時間に現役監査役と雑談し（建前の評価は違っていましたが）本音は同評価でホッとしました。

さて，この日経産業消費研究所の以前のチェックシートは簡単なもので，次の7つの項目からなっていました。
① 新規性
② 使い勝手
③ ユーザー設定，ネーミング，デザイン，広告戦略など（販売網　営業力は除く）
④ 価格メリット
⑤ 性能向上
⑥ エコロジー度
⑦ 製品力総合評価

各委員は，これらの7項目を5段階で評価していましたが，現在のチェックシートへと変更されました。

製品力，商品力といった製品そのものの評価に加えて，企業・産業界への影響と社会性を評価したほうが良いだろうと意見が出たために，別表のようなチェックシートを用いて5段階評価しています。[1]

中食市場の限定品を評価する際にも，このチェックシートは参考になりますが，製品ブランドが確立していない限定品を評価するには大幅な修正が必要です。また，チェックシートにある「企業・産業界への影響」と「社会性の評価」という評価項目は，限定品の性格から必要としないと判断されます。

逆に，このチェックシートには載っていないのですが，中食市場の限定品評価に不可欠な項目として，マーケティング環境分析の基本である3つの項目を挙げることができます。
① 消費者分析・評価の項目
② 競争分析・評価の項目
③ 自社分析・評価の項目

また，このチェックシートではマーケティング力という1つの項目に集約，集中させていますが，マーケティング・ミックスの中身をもっと深く分析・評価したほうが良いでしょう。少なくともオーソドックスに，次の4つ

図表5-2 日経産業消費研究所「新製品レビュー」の評価チェックシート

新製品レビュー第53号・総合評価委員会用　　　　　　　　　平成15年11月25日

あてはまると思われる評価に〇をつけ，できれば下段にコメントを書いていただいたうえ，12月3日（水）までに上記ファクス，またはメール（rimcity@tokyo.nikkei.co.jp）にご返送ください。評価基準は「（影響などが）非常に大きい」＝A，「大きい」＝B，「並み」＝C，「小さい」＝D，「非常に小さいかマイナス」＝E，最終総合評価は，「商品力」「企業・産業界への影響」「社会性」の3項目の評価から，総合的に判断してください。

評価対象商品					
ベンチマーク評価結果			ベンチマーク		
委員名			役職名		

【総合評価】

評価項目	A	B	C	D	E
〔1〕商品力					
1．性能・品質					
2．価格メリット					
3．マーケティング力					
4．新規性					
5．文化・ライフスタイル創造					
評価小計（1～5）					
〔2〕企業・産業界への影響					
6．売上・利益向上					
7．企業イメージ向上					
8．新市場創造・拡大					
評価小計（6～8）					
〔3〕社会性					
9．コミュニケーション促進					
10．地球環境・健康・安全性					
11．社会倫理性					
評価小計（9～11）					
総合評価（〔1〕～〔3〕）					
＜総合コメント＞					
＜提言欄＞					

に区分した項目が必要です。
　①　製品戦略に関わる項目
　②　価格戦略に関わる項目
　③　コミュニケーション戦略に関わる項目
　④　流通戦略に関わる項目

　これを基本としつつも，私なりにこれらの項目を加味，増減した中食市場の限定品チェックシートを最終章で提示したいと思います。ただ，その前に中食市場の製品戦略，製品開発に関するいくつかの資料を具体的に見て，参考にすることも大切だと思います。

2　ハウス食品の製品開発における数字の読み方

　「日経流通新聞」にハウス食品社長小瀬昉（あきら）氏のインタビュー記事が掲載されていました。加工食品メーカーがどのような考え方で市場調査を行い，その調査結果をどの程度参考にして製品開発しているのか，きわめて参考になる内容でしたので紹介しておきます。

　最初この記事を読んだときは，ここまでの社内情報，市場に関する数値を公表してもよいのだろうか，とドキドキしました。しかしすぐに，この程度の情報を公表してもハウス食品としては全く何ともない，との自信の表われだと思い直しました。

　そこには製品開発に関する市場調査，消費者調査の際には，ぜひとも参考にしたい数値，調査結果のよみ方，判断基準が示されています。

【売れない商品の見分け方】

　マーケティングの競争は消費者の真の姿を正しくつかむ競争です。消費者の気持ち，行動は常に変化していて100％はつかめませんが，事前の調査で売れない商品は明らかにわかります。

　ハウス食品は，売れない商品の見分け方の判断基準を持っています。これ

がハウス食品の強みです。消費者調査でこれくらいの数値だったらいけるというこれまでの経験から培われたいくつかの要素があります。
① 購入希望価格には本音と建前があり，実際の購買は調査結果よりも安い価格を求める傾向にあります。
② 新製品の購入意向調査でも注意が必要です。[絶対買う][たぶん買う]から[絶対買わない]までの5段階評価の場合，開発担当者はよく[絶対買う][たぶん買う]の上位2つをポジティブ（前向きな評価）としてとらえがちですが，[たぶん買う]は信用してはいけません。
③ [絶対買う]の数値のポイントには必要最低限の値と，望ましい値の2つがありますが，最低で18％，望ましくは23％ほしい。そして，最終的に商品がヒットするかどうかは食品ですからおいしさであり，発売までに味覚をできるだけ高めていく努力が必要です。その点が大きく育っていくかどうかの分かれ道です。

【トップブランドとの関係】

「パンでグラタン」や「豆腐ハンバーグの素」など最近はメニュー提案型商品開発に力を入れています。また，商品開発の際，競争メーカーとの関係について小野社長は次のように答えています。[2]
① 競合する同じカテゴリーのトップブランドと比較し，6対4で高い評価を得ることが商品化の基準。
② 消費者が商品を選ぶ場合，ドライやチルド（冷蔵），フローズン（冷凍）といった温度帯は関係ない。
③ 社内では「我々は加工食品メーカーとの見方はするな，お客様にとって何が必要か，温度帯をはずして考えろ」と言い，昨年には，低温度帯の商品開発を担当するグループを組織。

【製品開発の判断数値】

ハウス食品の小野社長が話している次の2つの数値，判断基準は今後の調

査でも参考になる数字です。できれば，ハウス食品のように調査を重ね，独自の数字による判断基準を持つようにしたいものです。

① ［絶対買う］の数値がポイントになります。必要最低限の値と，望ましい値の2つがありますが，最低で18％，望ましくは23％ほしい。
② 競合する同じカテゴリーのトップブランドと比較し，6対4で高い評価を得ることが商品化の基準です。

3 パッケージングが重要

　日経産業消費研究所では前述のように「新製品レビュー」を月2回刊行しています。2004年2月8日号の特集は「ヒットを創る〜第3回ヒット商品開発アンケート調査から」でした。この特集の調査概要をみると，回答企業のすべてではありませんが，食品メーカーが多数を占めています。中食市場の製品開発の際に，十分に参考になる資料であると判断しました。

　この特集では，新製品の開発環境が明らかにされています。中食市場の限定品の製品開発にも参考になるので，概観しておきましょう。[3]

　ハウス食品の消費者調査では［たぶん買う］はあいまいで，そこで［絶対買う］の数値がポイントになります。必要最低限の値と，望ましい値の2つがありますが，最低で18％，望ましくは23％ほしいとのことです。

　この消費者調査の必要最低限の値と望ましい値は，統計学的に検証されているか否かは別として，人間の経験・体験から得られた数値は比較的確かなものです。そんなに大きく的を外れることはありません。22項目の調査結果についてもこの経験・体験の数値を反映させることにしましょう。

　ハウス食品の経験・体験値より製品開発の現場環境を示す項目として信頼に値するであろう項目は，次の22項目中7項目です。各項目に対する数値は「そう思う」「ややそう思う」という肯定的回答をプラスしたものであり，（　）内の数値は「そう思う」という絶対的肯定回答の数値です。

・価格を下げただけでは需要を刺激できない　　　　　　91.6％（64.7）

- 消費者調査からでは　ニーズ読みとりにくい　　　　71.5%（26.1）
- 消費者の声をそのまま製品に反映してもヒットしない　66.4%（22.7）
- 2010年には環境対応がマーケティングのキーワードになる
　　　　　　　　　　　　　　　　　　　　　　　　　76.5%（29.4）
- パッケージの良し悪しによって売れ行きが大きく異なる　58.0%（23.5）
- 2010年には新技術の出現が製品開発の決め手になる　　78.2%（35.3）
- 2010年には無縁だった異種技術が製品開発で必要になる　78.2%（28.6）

　この調査結果から，中食市場の限定品開発の参考になる項目は，次の2つです。特に「パッケージング」と「新技術」は参考にしたいところです。

① 　中食市場の限定品の製品開発には，パッケージングを考えることが必要。パッケージングの良し悪しは，売上げの良し悪しと強く相関している可能性があります。

② 　中食市場の限定品の製品開発には，新技術が決め手になる可能性があります。

図表5-3　パッケージについてのアンケート結果

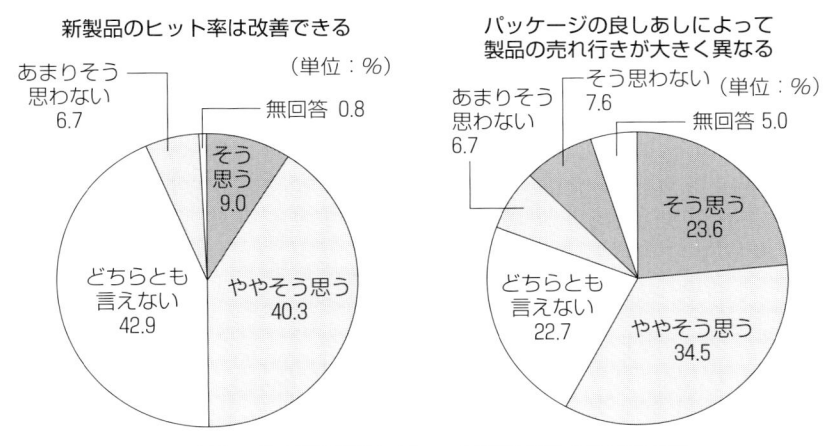

新製品のヒット率は改善できる（単位：%）
- あまりそう思わない　6.7
- 無回答　0.8
- そう思う　9.0
- ややそう思う　40.3
- どちらとも言えない　42.9

パッケージの良しあしによって製品の売れ行きが大きく異なる（単位：%）
- あまりそう思わない　6.7
- そう思わない　7.6
- 無回答　5.0
- そう思う　23.6
- ややそう思う　34.5
- どちらとも言えない　22.7

出所：「日経新製品レビュー」（2004.2.9）より引用加工。

4　中食市場では安全性，価格，おいしさが重要

　顧客の製品購買にもっとも大きな影響を与えるのは製品と価格です。顧客は，この製品がこの価格ならば安い，この製品はこの価格では高い，この製品ならば価格はマアマアであると判断します。この顧客の判断の基準となっているのは，顧客の価値観です。この製品と価格の関係を算式化すれば，次のようになります。

・価格＜価値　→　安い
・価格＞価値　→　高い
・価格＝価値　→　普通・マアマア

　中食市場の製品開発にとって大切なことは，顧客にとって「価格＜価値」すなわち「お値打ち」と思わせる製品提供と価格設定を行うことです。

　中食市場の製品開発に関して価格が重要であることは，日本惣菜協会の調査結果からも明らかです。日本惣菜協会が消費者に対して惣菜の購入時の選択基準を尋ねたところ，その回答の第1位は「価格」でした。この調査結果によれば，価格は惣菜の価値の本質である「美味しさ」を上回っていました。参考のために，購入時の選択基準を見ておきましょう。[4]

　第1位　価格　　　　　　74.3%
　第2位　美味しさ　　　　70.5%
　第3位　消費期限　　　　49.7%
　第4位　メニュー　　　　40.7%
　第5位　栄養バランス　　39.0%
　第6位　素材　　　　　　36.8%
　第7位　原産地　　　　　17.2%
　第8位　ヘルシー感　　　16.8%
　第9位　カロリー　　　　14.0%
　第10位　盛り付け　　　　 9.3%

この調査の質問項目には「安全」「安心」といった安全性に関する項目がないものの，中食業界，食品業界の現状を概観すると，この安全性に関する回答がかなりあるものと推察されます。「消費期限」「素材」「原産地」を安全に対する回答項目とすると，103.7ポイントとなり，決して低い数値ではありません。
　ただ，ここでは惣菜の購入時の選択基準としては，価格が第1位であり，惣菜の価値の重要な要素である「おいしさ」のポイントを若干ですが超えていることを，再認識しておく必要があります。加えて，「価格」と「おいしさ」に対するポイントが，他の選択基準を大きく離していることも認識しておきたいところです。ただ，2004年に入ってからの鳥インフルエンザ騒動，BSE問題などを加味すると，今後むしろ安全性が第1位に位置する可能性もあります。
　中食市場では製品開発に関して，次の項目が重要な位置を占めています。
　①　安全性
　②　価格
　③　おいしさ

5　中食市場の製品開発と安全性

【食の安全・安心ブランド調査】

　「日経ビジネス」の2005年2月7日号では，「品質起点の生産革新，キューピーが1位に」とのサブタイトルのもとに，信頼される食の安全・安心ブランド調査結果を発表し，上位100社のランキングを行っています。調査の概要は以下のとおりです。[5]
　『食の安全・安心ブランドが形成されるモデルは次のように想定した。
　①　どの程度見たり，購入したりしているか〔接触・認知〕
　②　どんなイメージを持っているか（頭の中でのイメージ形成）
　③　人に勧めたり，安心して食べられるか（ロイヤルティーの向上）

いう3段階の流れだ。質問はそれぞれに対応している。イメージ形成では「味がよい」「健康に効果がある」など17項目にわたって各ブランドを評価してもらい，主成分分析で各要素の寄与率を求め，イメージスコアを算出した。さらに接触度などほかの項目の寄与率も考慮して総合得点を算出した。この数値は偏差値であり，高いものから順に並べたものが総合ランキングだ。

　調査の実施期間は2004年10月15～28日。回答者数は1万815人で，有効回答は8,852人。回答者の平均年齢は35.8歳，専業主婦は全体の64.1％。調査結果をまとめた報告書を12月に発表した。』

　この調査で上位にランキングされた企業の一部は，**図表5‐4**のとおりです。

図表5‐4　食の安全・安心ブランド調査

順位	ブランド名	得点	順位	ブランド名	得点	順位	ブランド名	得点
1	キユーピー	70.2	11	キッコーマン	64.4	29	ネスレジャパン	61.4
2	サントリー	69.9	12	味の素	64.0	30	明治乳業	60.9
3	アサヒビール	68.9	13	ハーゲンダッツ	63.6	31	サッポロビール	60.8
4	カゴメ	68.0	14	ハウス食品	63.7	32	お〜いお茶	60.3
5	キリンビール	66.6	15	カルピス	63.0	33	ビビダスヨーグルト	60.2
5	明治ブルガリアヨーグルト	66.6	16	アサヒスーパードライ	62.8	34	キリンビバレッジ	60.1
7	アサヒ飲料	66.0	16	味ぽん	62.8	35	江崎グリコ	59.9
8	ヤクルト本社	65.4	16	エコナ	62.8	35	シーチキン	59.9
9	伊藤園	65.2	16	明治製菓	62.8	37	アサヒ本生	59.7
10	モスバーガー	64.6	20	カルビー	62.6	38	日清製粉グループ	59.6
			20	キッコーマンしょうゆ	62.6	39	アクエリアス	59.4
			22	亀田製菓	62.3	40	一番搾り	59.3
			23	エスビー食品	62.1	40	永谷園	59.3
			24	日清食品	62.0	40	ロッテ	59.3
			25	ミツカン酢	62.0	43	セブン・イレブン	58.8
			26	ミツカングループ本社	61.8	44	シャウエッセン	58.7
			27	森永製菓	61.8	45	ポカリスエット	58.4
			28	味の素ゼネラルフーヅ(AGF)	61.4	46	おかめ納豆	58.2

出所：「日経ビジネス」2005年2月7日号より引用加工。

【キユーピーのトレイサビリティ・システム】

　キユーピーが第1位にランキングされていました。その理由として，キユーピーは早い時期にトレイサビリティに取り組んでいたことがあげられます。私は，以前に惣菜業界のトレイサビリティについて調べたことがあります。惣菜業界の中心的存在である日本惣菜協会からは，業界としての調査は行われていないものの，熊本県の惣菜業者が研究しているとの情報が得られました。また，キユーピーがベビーフードラインでトレイサビリティを行っているとの新聞記事を発見しました。

　少し引用が長いのですが，紹介しておきましょう。[6]

　『当社製品の安全性を支えているのは，国内の事業所や工場での徹底した生産管理システムです。生産管理システムを構築すると同時に，原資材料在庫管理も徹底することで，安全性ばかりではなく経済性も追及してきました。徹底した生産管理システムの運用により，現在食品メーカーはもちろん，あらゆる業種の生産者に強く求められているトレイサビリティへも迅速に対応できました。

　1989年から着手した工場のファクトリー・オートメーション（FA）を活用し，独自のトレイサビリティ・システムをベビーフードラインに構築しました。まず，原料の納入時の情報管理をシステム化することで，賞味期限のデリケートな原料の在庫管理の効率化を実現しました。また，すべての工程で安全性が確認できるように徹底しました。

　トレイサビリティ・システムのベースとなる商品情報は，バーコードの数倍の情報を圧縮コード化した2次元コードと［QAナンバー］によって管理しています。

　FAシステムの設計から実用化までに，約7年の歳月と約10億円の費用がかかりました。システム化したことにより，消費者が求める原料情報や製造の履歴情報などをすばやく検索，提供できるようになったばかりではなく，工場で働く従業員の心の負担も軽減できました。

　最初にトレイサビリティに対応した商品は，ベビーフードです。2002年秋

に佐賀県鳥栖市の工場で導入しました。食の安全に対する感覚が未成熟な幼児が口にする食物だからこそ、早急に取り込む必要があったためです。現在お客様相談室では、ベビーフードの問い合わせに対して、QAナンバーを読み上げてもらうことで、データベース化された製品の製造履歴情報を即座に答えられる体制が整っています。今後は主力商品であるマヨネーズなどでも導入していく計画です。(後略)』

そのキユーピーのトレイサビリティ・システムの概要をまとめておきましょう。

① 安全性と同時に経済性も追求したシステム
② 生産管理システムと同時に原資材在庫管理も徹底
③ 商品情報は2次元コードと『QAナンバー』で管理
④ システム構築に約7年と10億円を要す
⑤ 『QAナンバー』によって検索、情報提供が行われています

2002年秋の稼動ですから、食品業界で最も早い時期にトレイサビリティを

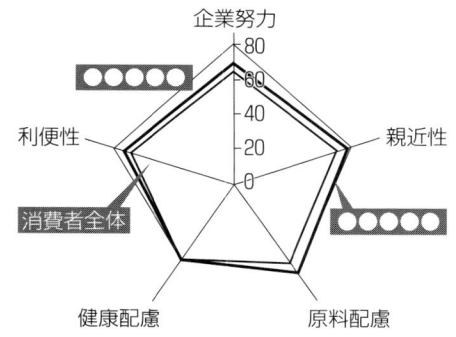

図表5-5 「キユーピー」の因子の分析結果

「健康配慮」への評価が多少低いものの、全体的に高い評価を得た。クイズの5問正解者(情報浸透度の高い消費者)から「企業努力」「原料配慮」について、高い評価を受けている。これは、品質管理などに関する取り組みを、さらに周知させることで、全体評価を底上げできる可能性のあることを示唆している。
出所：図表5-4に同じ。

実現した食品メーカーの1つである，と言ってよいでしょう。トレイサビリティには時間とコストがかかるにもかかわらず，経済性と安全性を同時に進めた点に注目したいところです。安全性と経済性は，一般的にトレード・オフの関係にあります。

【安全性と経済性のトレード・オフ】

トレード・オフとは，片方を取ればもう一方は取れない，との関係です。安全性を追求すれば経済性が損なわれ，経済性を追及すれば安全性が損なわれる，との関係でもあります。

キユーピーが，安全性と経済性のトレード・オフ関係を同時に解決したシステムを開発したことは賞賛に値します。このトレイサビリティ・システムの構築が，結果としてランキング第1位へと導いたのでしょう。

食品の安全性を確保する手段の象徴として，トレイサビリティに社会の関心が寄せられていますが，食品業界，中食市場のトレイサビリティは始まったばかりであると言っても過言ではありません。安全性への認識はあるものの，遂行するための経済負担の問題もあり，食品業界，中食市場のトレイサビリティの実現には，いまだ時間がかかると思われます。しかし，中食市場の限定品開発にトレイサビリティ・システムがプラスとして大きく作用することに疑いの余地はありません。

6　限定品と新製品開発レベル

限定品は新製品である必要はありません。既存の製品をこだわって作ることも限定品の開発につながります。

【水戸の木村屋本店と水戸の梅】

茨城県水戸市の駅前に「木村屋本店」という和菓子屋があります。私は木村屋本店の水戸の梅という和菓子が好きです。水戸の梅は多くの方が知って

いる，水戸の代表的な土産品の1つで，水戸駅などで売られています。あの紫蘇の葉に包まれた，中に白餡の入っているピンク色の皮の和菓子です。私も何度か水戸の梅は土産品として，もらったことがあります。

　水戸在住のある方から，木村屋本店の水戸の梅は土産品に良いと勧められて買いました。私は土産品を買う場合に，たいてい試食させてもらいます。饅頭を買う場合は，1つだけ買ってみて，その場ですぐに食べ，おいしさを確認してからたくさん入っているものを買うようにしています。

　木村屋本店に行ったとき，水戸の梅はばら売りされていました。とりあえずいつもどおりに1つだけ買いました。そして，初めて買うものですから，これが水戸の梅ですかと訊ねました。

　プライスカードには確かに水戸の梅と書かれているのですが，ピンク色ではなく小豆色だったからです。私の頭の中には水戸の梅といえばピンク色とすでに刷り込まれていたので，確認したわけです。

　小豆色の木村屋本店の水戸の梅を一口食べた瞬間，おいしいと思いましたから，すぐに土産品としました。しかし，なぜ木村屋本店の水戸の梅はピンク色ではないのだろうとの疑問はずっと残っていました。そして，その後仕事で木村屋本店のご主人にいろいろとお話を聞く機会ができました。

　現在の水戸の梅は，30年ほど前から作っています。だれが最初に考案したかは聞き忘れましたが，はじめて水戸の梅が世の中に登場したときは，今の木村屋本店と同じように小豆色で小豆を原料として作っていたそうです。ところが，小豆は相場の値動きが大きく，安定した価格で仕入れられないので，どこの和菓子店も次第に小豆から白豆に変えていったそうです。

　木村屋本店では，同業者が新しいもの新しいものと新製品の開発に向かっている中で，自分は江戸時代に戻ろうという意識で製品開発を見直しました。それで，水戸の梅は以前は小豆が原料でしたから，元に戻したとのことです。

　木村屋本店のご主人は現在5代目，創業は1860年です。ご主人の話から，製品開発というと新しいことばかり考えがちですが，旧きを訪ねることも大

切だと実感しました。それは，限定品の開発のときにも大切なことです。現在の食品市場，中食市場の製品開発では，日本食よりも外国の食事の輸入・移入に力が注がれている気がします。日本の旧き食事を見直すことも大切ではないでしょうか。特に，高齢化時代の進行は，和食への復帰がキーワードになりそうな気がします。

　新製品開発では，旧いものから探求する場合もあるでしょうが，木村屋本店のように旧いものを再現する場合もあるといえます。

【新製品のレベル】

　前述のコトラーは，新製品の種類は市場全体と企業の関係で説明すべきであるとして，新製品の市場レベルとして，次の6段階を提示しています。[7]
① 革新的な新製品→全くの新市場を創造する製品
② 新製品ライン→確立された市場へ企業としてはじめて参入する製品群
③ 既存製品ラインへの追加→その企業の現存する製品ラインを補完する新製品
④ 既存製品見直し・改良→既存製品より性能を改善するか，認識される価値を増加して，既存製品に取って代わる新製品
⑤ 再位置付け→既存製品だが，新市場や新セグメントを新たにターゲットにしたもの
⑥ コスト削減：同様な性能を安いコストで提供する新製品

　ここでコトラーが示している新製品を限定品と言い換えると，限定品開発のヒントとなります。

　「単なる単品」を限定品にレベルアップするために，どの程度の努力をするべきなのか，その努力目標，程度，内容を決める際の役に立ちます。できれば，革新的な限定品を提供できればよいのですが，革新的な限定品はそんな簡単にできません。どのレベルの限定品とするのか，企業内のコンセンサスを得る必要もあります。

　早速コトラーのいう新製品を「限定品」に変換してみましょう。

① 革新的な新製品→全くの新市場を創造する「限定品」
② 新製品ライン→確立された市場へ企業としてはじめて参入する「限定品」
③ 既存製品ラインへの追加→その企業の現存する製品ラインを補完する「限定品」
④ 既存製品見直し・改良→既存製品より性能を改善するか，認識される価値を増加して，既存製品に取って代わる「限定品」
⑤ 再位置付け→既存製品だが，新市場や新セグメントを新たにターゲットにした「限定品」
⑥ コスト削減：同様な性能を安いコストで提供する「限定品」

『稀少性』あるいは限定品という視点からは，⑥のコスト削減のための限定品開発は限定品の本来の趣旨から逸脱しています。②の確立された市場へ企業としてはじめて参入する「限定品」は，大企業で新たに新市場を展開するケースは良いのでしょうが，いまだブランドを確立していない企業には，荷が重い決断となりそうです。このように，消去法でいくと「限定品」開発のレベルは，次の3段階になりそうです。

【限定品の開発レベル】

このうちどのレベルにすべきか，企業の現場ではすでに毎日作られている製品があるはずですから，その既存製品を目の前にして，判断すべきでしょう。

① 既存製品ラインへの追加→その企業の現存する製品ラインを補完する「限定品」
② 既存製品見直し・改良→既存製品より性能を改善するか，認識される価値を増加して，既存製品に取って代わる「限定品」
④ 再位置付け→既存製品だが，新市場や新セグメントを新たにターゲットにした「限定品」

このときの限定品の開発で大切なことは，「限定品がお客とどうかかわっ

ているか」であって,「限定品が社内でどう見られているか」ではないのです。社内で売上高で貢献している既存製品は大切な財産ですが,限定品を考えるときには新たに開発される限定品とお客がどう係わるのかを評価すべきです。大胆に言えば,既存の社内貢献している既存品にとってかわるべき「限定品」を積極的に開発すべきでしょう。

7 限定品の提供方法

　第2章では,市場で製品の量が目立ち始めると,それがブランド価値の低減につながることを話しました。いったん価値の下がりだしたブランドを元の状態に戻すには,大変な努力が必要です。できるだけブランド価値が下がらないようにブランド管理を行うべきです。

　限定品の場合には,適切でない提供方法でお客に飽和感,違和感を抱かせる場合があります。せっかく限定品として認知され,ブランド化が近いのにもかかわらず評価を下げてしまい,ブランド品と同じようにお客離れが生じます。

【限定品ラーメンの提供方法】

　九州の県庁所在地の中心商店街に有名なラーメン店Aがあります。

　九州には,たくさんの人気ラーメン店があります。私が好きなのは博多の一蘭,ラーメンではありませんが長崎の江山楼のチャンポンなどです。Aは一蘭や江山楼に負けない有名なラーメン店で,私もかつてはおいしいと思い,何度も食べに行きました。

　委員会に九州地区の方が出席すると,地元の食の話になることがあります。以前はAも地元の方には高く評価され,おいしいラーメン店と奨められていましたが,いつの頃からか,地元の方々が,Aはまずくなったと言い出しました。なぜまずくなったのだろうと思いながらも,行く機会がありませんでした。

しかし、3年ほど前、Aに行く機会があり、ラーメンのおいしくなくなった理由がハッキリとわかりました。
　Aでは以前、他の有名ラーメン店がやっているように、テーブルの上にドンブリを並べ、1つ1つのドンブリにスープを入れ、それから1つ1つのドンブリに麺を入れていました。ラーメンは1つ1つ作られていました。
　ところが、3年前に行ったときには、ラーメンの作り方がまったく違っていました。厨房の中央の大きなステンレス製のテーブルに、ラーメンドンブリが所狭しとズラリと50個以上並べられています。店員は順番に秘伝の濃縮されたタレをドンブリに入れます。タレが終わると今度はスープをドンブリに注ぎます。ドンブリは50個以上あるので、最初のドンブリと最後のドンブリとの間には、かなりの温度差があることは容易に想像がつきます。
　麺は、以前は1つ1つ竹製の麺茹での中で茹でられ、茹で上がったらすぐタレとスープが注がれているドンブリに入れられました。しかし現在は、大型の茹で麺機で50人分以上の麺が一気に茹で上げられます。茹で上げられた麺は大型のザルにあけられ、店員が目分量で1つ1つドンブリに入れていきます。
　もっともぬるくなったタレとスープの入ったドンブリと、もっとも熱い麺がミックスされます。逆に、最も熱いタレとスープにもっともぬるい麺がミックスされます。
　素人が考えても、ラーメンのタレとスープは熱く、麺もあまり空気に触れないほうが良いのではないでしょうか。Aは以前はアツアツ麺を提供していたのですが、今はヌルヌルのパサパサ麺を提供しています。
　大量生産方式で提供してはならない限定品を、席数を増やして提供方法を変更したために、お客が離れていった事例です。
　限定品は、大量生産―大量流通―大量消費ではない製品だからこそ限定品なのです。
　ラーメン店のロットは、加工食品メーカーなどとは比較できないほど小さいのですが、それでも大量生産―大量流通―大量消費方式でラーメンづくり

を行ってはいけないのです。限定品だからこその作り方，限定品だからこその提供方法があります。

　私の近所のラーメン店では，スープが無くなった段階で閉店です。横浜・桜木町のあるラーメン店も同じです。いつでも，いくらでも売るほどあるというのは，大量生産方式のやり方なのです。

【限定品「百年の孤独」の提供方法】

　2005年3月，私のゼミを卒業した学生の1人に松岡がいます。彼は宮崎県の出身です。私は松岡を大学1年から4年まで指導しました。私は入学した1年生の父兄宛てに，担当の教員である旨を書いた挨拶状を送ることを常としています。

　松岡の父兄にも挨拶状を出したところ，松岡の父親から宮崎の幻の名酒である「百年の孤独」が送られてきました。松岡の実家は酒屋を営んでいたのでした。私は「百年の孤独」を喜んで頂戴し，お返しとして馴染みの銀座のイタリアン料理店「メッツァニーノ」でご馳走しました。

　「百年の孤独」が，数ある宮崎の麦焼酎の中から全国で特に高い評価を得るようになったのは，製造過程，装置が限定されており，大量生産できなかったことに疑いの余地はありません。「百年の孤独」は「稀少性」ゆえに全国区になったのです。「百年の孤独」は原材料が麦です。同じく麦が原材料のウイスキーに慣れ親しんでいた都会の酒好きに受け入れられたこともあるでしょう。

　このことは宮崎県中小企業団体中央会の鳥越薫次長からも聞きました。宮崎の人がアメリカに「百年の孤独」を持っていったところ，大好評だったそうです。バーボン・ウイスキーと似ていたからでしょう。私も，なんとなくジャック・ダニエルに似ていると感じたことがありました。

　鳥越次長は「野うさぎの走り」についても話してくれました。「野うさぎの走り」は「百年の孤独」と同じ黒木酒造が，新しく販売した米焼酎だそうです。私もいまだ飲んでいませんが，黒木酒造では「野うさぎの走り」を販

売するにあたって，「百年の孤独」との抱き合わせ販売を行ったとのことでした。

超人気の「百年の孤独」の愛好家ならば簡単に入手できないことは知るところなので，「野うさぎの走り」と抱き合わせでも仕方がないと思って購入してしまいます。ところが，最近ではこの「野うさぎの走り」も限定品としての評価が出てきて，宮崎県でもなかなか買えないとの話でした。

「野うさぎの走り」の売り方は，次の限定品の売り出し方としてはうまい売り方といえます。ぜひ参考にしてほしいと思います。ただ，同じような売り方をして失敗している事例もあります。また別の機会に紹介したいと思います。

1つの限定品の開発でうまくいった企業が，2つ目の限定品として市場から受け入れられなくなったことを，「逆」限定品開発と私は呼んでいます。1つ目の限定品だけでも難しいのですが，2つ目の限定品を出すことの難しさを，やはり九州のあるラーメン店で経験しました。

次は「森伊蔵」の話です。

2005年2月28日は私が馴染みにしている寿司屋「正寿司」の15周年記念日でした。店主は鹿児島の芋焼酎「森伊蔵」を馴染客に用意してくれました。一言で，やはりおいしかったです。水の如しでした。私は幹事だったので，自分の席の前に置いてストレートで飲みました。貴重品であることを忘れて飲んでしまい，他の客からクレームがきました。

森伊蔵はネット・オークションで偽物が出たほどの貴重品で限定品です。ある人から，なぜ森伊蔵をもっと量産しないのかと尋ねられたので，いくつかの回答をしました。伝統ある酒造メーカーの場合には，たぶん原材料へのこだわりが最も強いと思われます。

・量産すると味が落ちるという考え方がきちんとある
・蒸留用の上質の国産サツマイモは入手する量に限りがある
・限定品として評価されている現状を壊すことはない
・昔ながらの蒸留装置が手に入らない

森伊蔵を大量生産のラインに乗せないのは，ほかの理由もあるでしょうが，限定品であることは確かだし，経営陣も限定品であることのメリット，「稀少性」のメリット，ブランド品であることのメリットを十分に認識しているはずです。このメリットを知っていれば，わざわざ逆限定品開発の危険を冒すようなことはしません。

8　限定品ショップ

　ここでは，「限定品はショップ方式で販売する」ことについて説明していきます。

【ショップとストア】

　retailerを日本語に訳しますと小売業です。しかし，日本では小売業といった場合に，日常的にはショップとか，ストアという言葉を使います。リテイラーを用いる頻度はかなり少ないようです。リテイラーは，どちらかというと卸売業であるwholesalerとの比較対象の関係で使われています。

　それではショップとストアはどう違うのでしょうか。結論的に言えば，仕入販売の小売業がストアで，製造・加工・修理販売などの仕入機能以外の機能を持つ小売業がショップです。

　ショップもストアも同じ「商店」「小売店」という日本語訳を持ちますが，さらに辞書を引くと，ショップには「工場・作業所」の意味が，ストアには「貯蔵所・倉庫」などの意味があります。ショップは，ワークショップなどの言葉にもあるように，作業する，仕事する，手足を動かすなどの意味があります。ストアとストックは近い意味の英語で，ストックが貯蔵するとの意味を持っていることは容易に理解できます。

　この2番目の意味に注目してショップとストアを改めて見直すならば，ショップとは作業所や工場を併設した店舗であり，ストアはストック，陳列展示機能に優れた店舗です。

ショップは「作業所，工場，加工所などを併設することにより，仕入販売以外の製造・加工・修理などの機能をもつ店舗で，ただ単に商品を仕入販売するだけではなく，製造販売，加工販売，修理販売などを行っていることにより，お客の支持を受けている小売業のこと」であり，比較的小規模な店舗に多いパターンです。

　これに対してストアは，デパートメントストア，ドラッグストア，コンビニエンスストアなどのように比較的大きな店舗であり，商品の種類，品揃えの多さ，在庫量の多さの目立つ店舗です。ストアのつく小売店舗で規模が最も小さいのはコンビニエンスストアです。店舗面積はほぼ100㎡です。

【ショップの特徴】
　ショップの特徴をみると，次のようなことに気づきます。
■仕入商品が主ではなく，作業場，工場などでショップ独自の製品・商品を作ってオリジナル商品を提供する
■鮮度の高い商品を提供する
■付加価値，粗利益率の高い商品がたくさんある
■原価率は低い

図表5-6　ストアとショップの相違点

	ショップ	ストア
商品の特徴	自家製造・自家加工の「オリジナル商品」	メーカーの製品を販売
中心となる販売方式	製造販売　加工販売　修理販売	仕入販売
作業所・加工所などの有無	作業所・加工所などが店内にある	原則として製品の製造・加工は店内で行わない
付加価値・粗利益率	高い	低い
原価率	低い	高い
チェーンによる運営	原則は単独店。成功の後はチェーン展開がある	当初からチェーン展開を原則としている
商品の特徴	個性的　独創的	一般的

■売り場面積の小さい中小規模店に向く業態
■大型店に対抗できる商品を提供できる
■中小食品店向きの業態

　このような特徴のあるショップは，まさに限定品を作って売る店舗として相応しい形態といえます。中食市場の限定品を提供するにはもってこいの店舗が，ショップです。私の商業診断の経験からすれば，限定品の提供方式はショップ方式でなければならない，とまで思っています。

【食品の人気店はショップ】

　テレビでは，毎日のように全国のラーメン店や寿司屋の特集を組んで放映しています。毎日のように画面に出てくると一般の人は気づかないと思いますが，ラーメン店，寿司屋とファミリーレストランとの間には，大きな提供方法上の違いがあります。

　ファミリーレストランの場合には，フロアと呼ばれるお客が食事する場所から遠く離れた厨房で料理が作られています。お客は，厨房で料理が作られている様子を見ることは原則的にありません。特に最近のファミリーレストランでは，セントラルキッチンにて食材は半製品化され，レトルトパウチ状態になっています。店舗の厨房では暖めたり，焼いたり，盛り付けるといった作業に終始します。

　このようなレトルトパウチ状態の半製品の調理過程を見てもおもしろくありません。ファミリーレストラン側でもこの加工過程をあまり見せたくないと思っていますし，お客の側もあまり見たくありません。両者の気持ちが一致しているので，ファミリーレストランでは厨房とお客が遮断されています。

　いくらきれいで見た目に素敵な料理が運ばれてきたとしても，調理過程をお客は見ていないので，きれいだなと一瞬思うだけで，すぐに食べる行為に入ります。そこには作る過程を見た感激は全くありません。

　ステーキハウスではどうでしょうか。目の前の熱くなった鉄板の上で牛肉

やハンバーグをジュージュー焼いてくれます。ファミリーレストランと同じ牛肉を焼いたものですが，ステーキハウスには牛肉を焼く過程の感動や余韻があります。

　料理は目でも楽しむといいます。それには，目で見る料理そのものと料理を作る過程も含まれています。料理，食事，食品にはこの料理過程，調理過程の楽しみもあるのです。

　ラーメン店や寿司屋には，この料理過程，調理過程の楽しみがあります。味はもちろんですが，この過程が人をひきつけるのです。ショップにあってストアにないのが，この料理過程，調理過程です。

　ラーメン店では，粉から麺を打つシーンをみせている店舗もあります。このシーンも大切ですが，やはり料理過程，調理過程を直接見せることのほうが，お客に大きな感動，インパクトを与えます。そしてお客は，その感動のために列を作って並びます。

　限定品を提供するには，ストア方式よりもショップ方式の方がお客にとって魅力的であることはいうまでもありません。

【茨城県のショップ】

　2004年から2005年にかけて茨城県内の商店街と個別店舗を調査する仕事をしました。個別店舗については現地ヒアリングをしました。その対象となった個別店舗は，各商店街から成績の良さを理由に推薦を受けた店舗ばかりです。ショップ型か，ストア型かを全く問うことなく，ただ成績のよい店舗を推薦してほしいと依頼しました。

　現場ヒアリングで結果的に判明したことは，業績のよい店舗ではショップ型店舗が多く，特に食品のショップ型店舗が目立ちました。

・和菓子店

・洋菓子店

・せんべい店

・スローフード店

・カバンの製造販売店

・佃煮店

・果物店のジュース製造販売部門

・美容院

　スローフード店は玩具店から事業転換したばかりでしたが，自家製のケーキとパンが女性購買層から支持され，業績を上げていました。100年以上の歴史を持つ和菓子店は，流行とは逆に旧い時代の和菓子の製造販売に力点をおくことによって，お客の支持を得ていました。前述の木村屋本店のことです。

　製造販売方式のショップだからこそできたスローフード店，和菓子店です。仕入販売方式ではスローフード店への事業転換や旧い時代の和菓子の提供がほぼ困難であることは，現場ヒアリングで確認されました。

　これらの店舗では低価格，デフレ経済，商店街通行量の減少などの悪条件が重なっているものの，ストア型店舗と比較すると，客単価，客数とも良好な店舗が多かったのです。これらのショップ型店舗の現場ヒアリングから得た特徴は，次のようです。

　・客数については，5年ほど前を10とすると，ストア型店舗は5〜6。ショップ型店舗は8。

　・客単価については，5年ほど前を10とすると，ストア型店舗は5〜6。ショップ型店舗は8。

　・5年ほど前の売上高を10とすると，ストア型店舗は半分以下ないし3分の1に低下。ショップ型店舗は7〜8。

　この現場ヒアリングにより，ショップの持つ自家製品の強さと魅力を再認識することができました。

　さらに，ショップは景気変動，商店街の盛衰，価格変動などの変化に強い傾向にあります。自家製品なので製品，商品，サービスそのものに独創性があり，個性的です。お客はストア型店舗には無い独創性，個性を求めてショップ型店舗にきていました。今回の調査対象となった個別店舗の概要を説明

します。有効回答のあった個別店舗は249店舗で，この内訳は**図表5-7**のとおりです。[8]

- ・5年前と比較して売上高が上昇　→　35店舗
- ・5年前と比較して売上高が停滞　→　35店舗
- ・5年前と比較して売上高が減少　→　179店舗
- ・5年前と比較して売上高が上昇　→　40％はショップ型店舗
- ・5年前と比較して売上高が停滞　→　40％はショップ型店舗
- ・5年前と比較して売上高が減少　→　23％はショップ型店舗
- ・5年前と比較して売上高が上昇・変化のない店舗に占めるショップ型店舗の割合はストア型店舗よりも多く，ショップ型店舗のほうがストア型店舗よりも優位にあることを確認

中食市場で限定品を提供するには，ショップ型店舗であることが好ましいことがこの調査結果からも明らかです。

図表5-7　売上高増減とストア・ショップ型店舗との関係

	売上高上昇店舗・35店舗		売上高変化なし店舗・35店舗		売上高減少店舗・179店舗		合　計　249店舗	
ストア型店舗	21店	60％	21店	60％	138店	77％	180店	72.3％
ショップ型店舗	14	40	14	40	41	23	69	27.7
合　　計	35	100	35	100	179	100	249	100

出所：茨城県商店街振興組合連合会「平成16年度商店街組合調査報告書」より引用加工。

9　限定品とRFM分析～日本惣菜協会「人気の惣菜　伸びる惣菜」

日本惣菜協会の最新の調査の1つに「人気の惣菜　伸びる惣菜」があります。この調査報告書は，惣菜商品がどのようなシーンで食べられているかを調査しています。調査期間は2003年1月14日から1月27日で，冬の正月後という状況ですが，購入金額，購入店舗，いつ食べるか，どんな時に食べるかなどの項目を調査し，その分析結果を提示しています。

第4章のデータベース・マーケティングで欠かせない分析手法に「RFM」分析があります。RFMとは，次の頭文字をとったものです。

Recency → 最近買ったのはいつか
Frequency → どれくらいの頻度で買っているのか
Monetary → 購入金額はどれくらいか

中食市場の企業が，顧客，消費者にかかわる情報としてほしい項目は，この3つに集約できます。中食市場にとっての上客とは，毎日のように，何度も，多額の食品を買ってくれる顧客です。上客の消費行動がわかれば，上客の好む限定品開発も可能になります。限定品の試作品を上客に試食してもらい，率直な意見を聞くのも良いでしょう。

クレジットカード，ポイントカードを導入している企業の大きな目的の1つはRFM分析，管理にある，といっても過言ではありません。自社の上客の購買行動を知るための手段としてカードにポイントなどのメリットを付与し，消費者情報を入手しているのです。

RFM分析によってもたらされた情報は，直接は限定品開発のヒントにならないこともありますが，現実に自社のお客が自社の限定品として何を求めているかを知るヒントは与えてくれます。

中食市場の企業がさらなる発展をするためには，このRFM分析の結果と製品の単品管理をドッキングさせることですが，このことから限定品開発のヒントが生まれる可能性もあります。

International Marketing News社のホームページでは，RFM分析について次のように説明しています。[9]

【RFM分析】

RFM分析は，誰が一番最近買い物に来た顧客か，頻繁に来店する顧客は誰か，一番お金を使ってくれている顧客は誰か，という3つの側面から顧客を分析する手法です。一般的には，それぞれの項目を5段階で評価し，RFMのそれぞれの項目で最も高いランク（5・5・5）の顧客が最も良い

顧客だと考えるのです。
　反対に1・1・1の顧客は，顧客といえるかどうかも含めて考える必要があります。たとえば，ダイレクトメールを今後購買見込みのない1・1・1の顧客に送り続けることは経費の無駄遣いであることは誰が考えてもわかることですが，分析をせずに無駄な経費を使っている企業が実に多いのです。
　ところで，分類は3段階でも10段階でもいいのですが，大雑把すぎたり細かすぎると分析結果がわかりにくくなる場合がありますので，今回は5段階で説明します。

【Recency】

　リセンシーは，顧客が最後に商品を購入した日を判断材料とするもので，最近購入した顧客のほうが何年も前に購入した顧客より評価の高い顧客と考えます。すべての顧客の最後の購買日だけを拾い出し，新しい順番に並べ替えれば一番上にくる顧客が良い顧客となるわけです。
　具体的には，ある顧客が2001年5月20日と2001年9月11日の2回購入履歴がある場合，2001年9月11日が最終購買日となります。
　購入してから時間が経過していなければ，企業や商品についての記憶がしっかりと残っているということで，企業が営業的なアプローチを行う場合，すでに記憶に残っていない顧客に対して行うより高い効果が期待できるのです。

【Frequency】

　フリークエンシーは，顧客がどの程度頻繁に購入してくれたかを判断材料とするもので，頻度が高いほど良い顧客と考えます。顧客の購買履歴から過去に何回購買したかを拾い出し，その回数の多い順番に並べれば，一番上にくる顧客が最もFの高い顧客となるわけです。
　当然，企業の営業期間が長くなれば，Fの数値は全体的に大きくなりますので，期間を定めることが必要な場合もあります。また，Fの低い顧客が多

い場合は，サービス業の場合サービスレベルや料金等で顧客に満足を与えていない可能性があります。一方，Fが高い顧客が多い場合は，常連顧客が多いということですが，そのわりにFの低い顧客が少ない場合は，新規の顧客が少ないことになりますので新規顧客獲得に向けた企画が必要になってくるのです。

【Monetary】

マネタリーは，顧客の購買金額の合計で，一般的にこの金額が大きいほど良い顧客と考えます。購買履歴から顧客ごとの購買金額の累計を計算し，それを金額の大きい順番に並べれば最も上にくる顧客がマネタリーの高い顧客となるわけです。

MもFと同様に企業の営業期間が長ければ金額は大きくなってきますので，業種業態を考えながら期間を定めて分析する必要があります。また，Mのランクが高いということは，潜在的な購買力が高いということですから，そうした顧客が多いことは企業にとっては喜ばしいことです。そうした顧客のFやRが上がれば企業収益に貢献することは間違いないからです。

簡単にRFMのランクの見方を説明すると次のようになります。

【RFM分析と判断】

① Rが高いほど将来の企業収益に貢献してくれる可能性が高い
② Rが低ければFやMが高くても他社に奪われている可能性が高い
③ Rが同じならFが高いほど常連顧客
④ Rが同じならFやMが高いほど購買力がある顧客
⑤ RやFが高くてもMが少ない顧客は購買力が低い
⑥ Fが低くMが高い顧客はRの高いほうが良い顧客
⑦ Fが上がらないか下がっている顧客は他社に奪われている可能性が高い
⑧ RFMすべてが低い顧客は切り捨ても検討

自社の Recency，Frequency，Monetary 情報が把握できていればよいのですが，そうでない場合に日本惣菜協会の調査から惣菜の購買頻度に関する情報を知ることができます。惣菜は食品市場でもっとも注目されている食品群ですから，惣菜の RFM についてみておくことも中食市場の限定品開発の参考になります。

　RFM 分析で5・5・5クラスの顧客が何を購入しているかがわかれば，その製品，商品を限定品開発の対象とすればよいことになります。

　日本惣菜協会の調査結果から，惣菜購入の Frequency 項目と Monetary 項目の上位にある商品を見ておきましょう。[10]

【惣菜の Frequency 商品】

① 　調査日直前の1週間に，提示した40品目の惣菜・弁当を購入した人の割合は，「コロッケ」が42.4％でトップの座を占めた。2位以下は，「うどん，そば」「サンドイッチ」「弁当」「おにぎり」と主食類が続いた。

② 　上位10品目中，6品目は主食類が占めている。

③ 　地域で一部差があった。1位は首都圏も近畿圏も「コロッケ」だが，近畿圏の2位は「うどん，そば」。首都圏は「サンドイッチ」。

　　近畿圏のほうが首都圏より5ポイント以上多いのは「コロッケ」「うどん，そば」「巻寿司」「うなぎの蒲焼き」「かき揚げ天ぷら」「いか・えびの天ぷら」「肉だんご」「茶碗蒸し」。

　　逆に首都圏のほうが多いのが「サンドイッチ」である。

④ 　1週間に購入した人の購入回数では，トップの「コロッケ」は3回以上購入が1.1％，2回が4.6％，1回が36.7％。2位の「うどん，そば」は3回以上購入が2.6％，2回が7.6％，1回は24.0％だった。

【惣菜の Monetary 商品】

　惣菜の Monetary 商品を見る場合に限定品開発の視点からは，惣菜の1回あたりの平均購入単価と1回あたりの平均購入種類を見たほうが参考になり

ます。
① 惣菜の1回あたりの平均購入単価[11]

惣菜を購入する際の1品あたりの単価は、「200〜300円未満」が37.3％で最も多い。次いで「300〜400円未満」が22.7％で多くなっており、200〜400円未満で6割を占める。この単価は、前回調査時とほとんど変わっていない。

② 惣菜の1回あたりの平均購入単価[12]

1回あたりの惣菜の購入種類は、平均「1種類」と「2種類」が最も多く、それぞれ39.8％と37.3％。あわせると、1回あたり平均"1〜2種類"が77.1％にのぼる。全体として「1種類」しか買わない人が増加傾向にある。

10 限定品とSWOT分析

いままでは主に消費者から限定品開発のヒントを得てきました。しかし、限定品開発でヒントになるのは消費者ばかりではありません。現在の自社の競争相手を分析することによって、限定品開発のヒントが浮かんでくる可能性もあります。

競争企業を分析する手法として、SWOT分析があります。

簡単に説明すると、競争相手の強さと弱さ、自社の強さと弱さを知るための分析手法です。SWOT分析のSWOTとは、次の4つの頭文字です。

- Strength → 強さ、強み
- Weakness → 弱さ、弱み
- Opportunity → 機会、チャンス
- Threat → 脅威、おびやかされる

【SWOT分析の第1段階】

SWOT分析の第1段階は、経営環境を外部環境と内部環境に区分し、さ

図表 5-8　惣菜の単価の目安

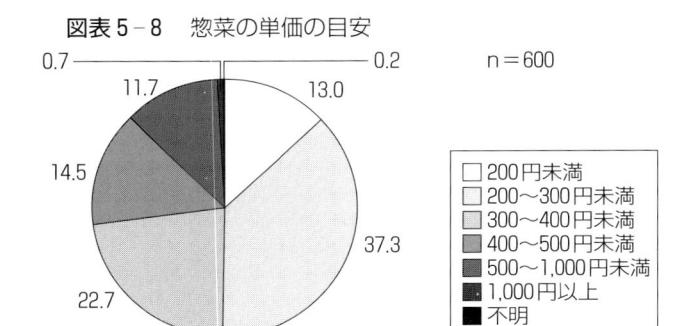

n=600

- 200円未満: 13.0
- 200～300円未満: 37.3
- 300～400円未満: 22.7
- 400～500円未満: 14.5
- 500～1,000円未満: 11.7
- 1,000円以上: 0.7
- 不明: 0.2

		全体	200円未満	200～300円未満	300～400円未満	400～500円未満	500～1,000円未満	1,000円以上	不明
全体		800 100.0	78 13.0	224 37.3	138 22.7	87 14.5	70 11.7	4 0.7	1 0.2
年代	20代	120 100.0	32 26.7	54 45.0	18 15.0	9 7.6	7 5.8	0 0.0	0 0.0
	30代	120 100.0	18 15.0	52 43.3	29 24.2	14 11.7	7 5.8	0 0.0	0 0.0
	40代	123 100.0	12 9.8	41 33.3	35 28.5	22 17.9	12 9.8	1 0.8	0 0.0
	50代	123 100.0	4 3.3	44 36.8	33 26.8	22 17.9	18 14.6	1 0.8	1 0.8
	60代以上	114 100.0	12 10.5	33 28.9	21 18.4	20 17.5	26 22.8	2 1.8	0 0.0
職業	有職	287 100.0	32 11.1	109 38.0	68 23.0	46 18.0	33 11.5	1 0.3	0 0.0
	無職	313 100.0	46 14.7	115 36.7	70 22.4	41 13.1	37 11.8	3 1.0	1 0.3

時系列（惣菜の単価の目安）

	200円未満	200～300円未満	300～400円未満	400～500円未満	500円以上	不明
今回　n=600	13.0	37.3	22.7	14.6	12.4	0
'03年　n=600	15.7	37.7	21.7	13.5	10	2
'99年　n=600	6	35.8	26.3	16.3	14.6	1
'98年　n=600	18.1	34.7	20.8	20.0	5	1

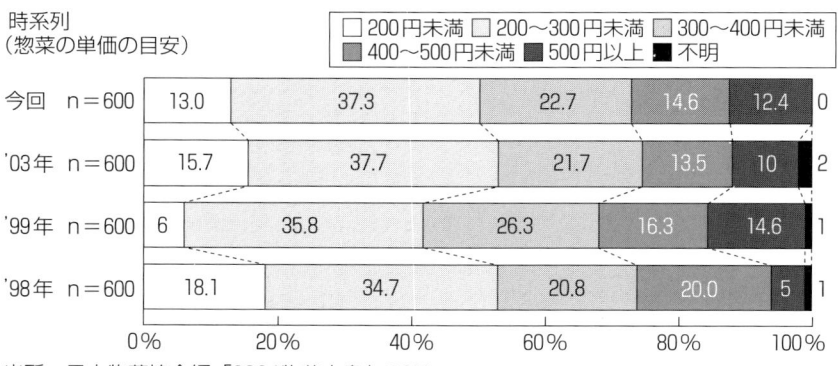

出所：日本惣菜協会編「2004惣菜白書」P311。

図表5-9　1回平均購入種類

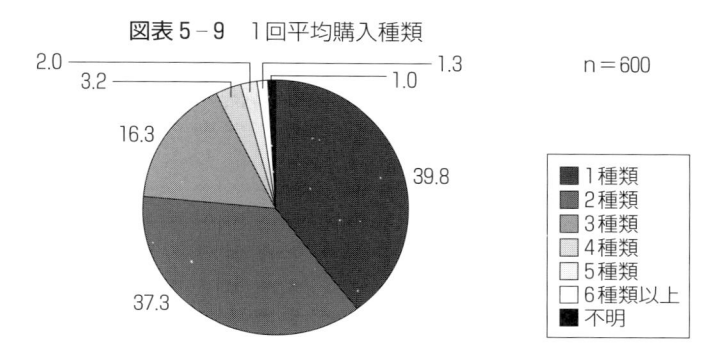

n=600

凡例：
- 1種類
- 2種類
- 3種類
- 4種類
- 5種類
- 6種類以上
- 不明

		全体	1種類	2種類	3種類	4種類	5種類	6種類以上	不明
全体		600 100.0	239 39.8	224 37.3	92 15.3	19 3.2	12 2.0	8 1.3	6 1.0
年代	20代	120 100.0	43 35.8	52 43.3	18 15.0	4 3.3	1 0.8	1 0.8	1 0.8
年代	30代	120 100.0	50 41.7	44 36.7	15 12.6	6 5.0	4 3.3	1 0.8	0 0.0
年代	40代	123 100.0	53 43.1	38 30.8	24 19.5	4 3.3	2 1.6	1 0.8	1 0.8
年代	50代	123 100.0	49 39.8	49 39.8	17 13.8	3 2.4	3 2.4	0 0.0	2 1.6
年代	60代以上	114 100.0	44 38.6	41 36.0	18 15.8	2 1.8	2 1.8	5 4.4	2 1.8
職業	有職	287 100.0	94 32.8	120 41.8	62 18.1	6 2.1	6 2.1	6 2.1	3 1.0
職業	無職	313 100.0	145 46.3	104 33.2	40 12.8	13 4.2	6 1.9	2 0.6	3 1.0

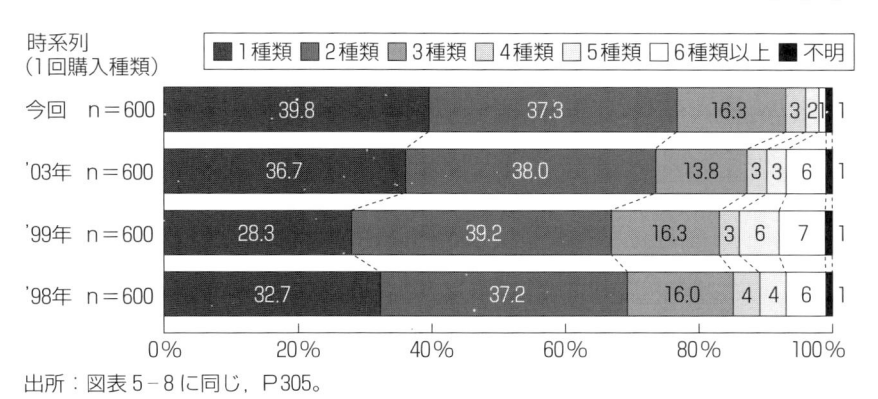

時系列（1回購入種類）

	1種類	2種類	3種類	4種類	5種類	6種類以上	不明
今回　n=600	39.8	37.3	16.3	3	2	1	1
'03年　n=600	36.7	38.0	13.8	3	3	6	1
'99年　n=600	28.3	39.2	16.3	3	6	7	1
'98年　n=600	32.7	37.2	16.0	4	4	6	1

出所：図表5-8に同じ、P305。

らに経営環境が企業にとって好ましい影響を与えるのか，それとも悪影響を与えるのか，の判断を行うことです。外部環境と内部への影響を組み合わせると，次のマトリックスができあがります。

	好ましい影響	悪い影響
外部環境	機会（Opportunity）	脅威（Threat）
内部環境	強み（Strength）	弱み（Weakness）

【SWOT分析の第2段階】

SWOT分析の第2段階は，第1段階から生じた4つの項目をさらに組み合わせ，戦略の方向を決定することです。マトリックスの各項目についての詳しい説明は割愛します。

	機会（Opportunity）	脅威（Threat）
強み（Strength）	自社の強みで取り込むことのできる事業機会は何か	自社の強みで脅威を回避できないか。他社には脅威でも自社の強みで事業機会にできないか
弱み（Weakness）	自社の弱みで事業機会を取りこぼさないために何が必要か	脅威と弱みが合わさって最悪の事態を招かないためには何をすればよいか

【SWOT分析の事例】

理解を深めるために，事例を挙げておきましょう。具体的な惣菜の限定品開発に関する事例もあるのですが，生々しい事例ですぐにどこの限定品かがわかってしまいます。ここでは惣菜企業のA社とB社の店舗展開の方向に関するSWOT分析を見ておきましょう。この事例でもどの企業とどの企業のSWOT分析なのかがわかってしまうような気がします。[13]

【A社の状況】

① A社は九州のある県の南部の都市で惣菜企業を営んでいる

②　A社は仕出屋出身で，婚礼・法事などを通じて地元では有名な企業。仕出屋から惣菜・弁当業を展開するようになった
③　社長は地元の名士で，地元商工会議所の役員
④　A社の店舗構成はスーパーマーケットのテナント出店，惣菜と弁当の路面店，回転寿司など多種多様
⑤　A社の何店舗かはスーパーマーケットに出店しており，スーパーマーケット側が惣菜の内製化を進めたために，テナントの何店舗かは撤退。今後もテナント出店の形態は減少が予想される。
⑥　A社の既存業態店が衰退しているものの，新規業態店については順調に売上げを伸ばしている。

【A社からみたB社との関係】
①　B社とA社は同じ県内の企業。B社は県庁所在地を中心に郊外型デリカショップを展開。A社とB社とは盟友関係にあり，お互い情報交換し，人材交流を行っていた。
②　A社とB社は同じ県内に出店。お互いのテリトリーを守り，暗黙の境界ラインを設定し，相互不可侵の状況にあったが，B社の経営陣の交代に伴い，B社は規模拡大戦略を展開し，境界ラインを突破した店舗展開を行うようになる。

　コンビニエンスストアの激しい出店攻勢の下にあるB社が，新規出店のために境界ラインを超すことはやむをえなかった。
③　B社の方が売上規模は大きく，A社の10倍前後はある。B社はチェーン理論を実践し，デリカショップとして大型店を郊外に出店。駐車場も広く取り，B社の認知度は県内では高く，90％を超えている。

【A社の課題】
　このようにA社は広域的にはB社の攻撃，地域的にはスーパーマーケット内のテナント店の撤退という二重の脅威が発生しています。このような状

図表 5-10　A 社の SWOT 分析

	好影響	悪影響
外部環境	≪機会（Opportunity）≫ ・近接県への進出 ・中小惣菜店の撤退・廃業 ・地元スーパーマーケットの衰退	≪脅威（Threat）≫ ・B 社の進出 ・自社テナント店の減少 ・コンビニエンスストアの進出
内部環境	≪強み（Strength）≫ ・地元での信用 ・地域密着度の強さ ・営業力の強さ ・市内でのシェアの高さ ・回転寿司など新型業態店への迅速な投資力	≪弱み（Weakness）≫ ・店舗形態，ばらばらの店舗が多い ・主力商品が定まっていない ・パートタイマーの雇用が比較的容易 ・後継者が未定 ・単品管理を行っていない

況の中で，A 社はどのようなマーケティングや，限定品の開発を行っていくのかが課題となっています。

　この問題解決の方向を探るために，A 社では SWOT 分析を行いました。

　この A 社の事例はこの県だけの現象ではなく，現在、各地の中食市場，惣菜企業にみられる傾向でもあります。すでにわれわれは同じような現象をスーパーマーケット業界でもみています。スーパーマーケットの勃興期は，全国の中小都市でもスーパーマーケットの単独店がそれなりの成功を収めていました。成功を収めた単独店の一部は，チェーン化を図ってローカルチェーンとなりました。その県，その地域ではお客の支持を得ていたのですが，全国チェーンが各地に進出するようになると，より小さい規模のローカルチェーンは市場からの撤退を余儀なくされました。

　いま中食市場，惣菜業界にも，スーパーマーケット業界と同じ淘汰の波が訪れています。この波をどのように乗り切ればよいか，地方の中食市場，惣菜企業にとっては大きな課題です。この課題は，SWOT 分析を行ったからといって，すぐに適切な解答が求められるわけでもありませんが，A 社にすれば必死であり，生き残るための方向性がほしいところです。

　A 社には B 社の進出，自社テナント店の減少，コンビニエンスストアの

進出などの≪脅威（Threat）≫がありながらも，どうにか経営を存続できる売上高を確保してきました。その理由はいろいろ考えられますが，回転寿司など新型業態店への迅速な投資力という≪強み（Strength）≫を持っていたからです。A社の分析では店舗形態が多いことを≪弱み（Weakness）≫としましたが，それは同じ業態だけを開発したのではなく，異業態への新規投資を続けたからです。チェーン理論によれば，同じ業態に投資を続け，業態の確立を行えば正解で，異なる業態に経営資源を振り向けることは悪と考えられるからです。

　もしA社がデリカショップに対する継続投資をしていたのならば，もっと早い時期にB社との競争関係は激しいものとなっており，A社はすでにその県内に存在しなくなっていたかもしれません。チェーン理論からすれば，1つの中心的業態が確立していないにもかかわらず，異業態への投資を続けることは非効率極まりないのですが，過去から現在までのA社の投資行動は結果的には容認できます。

　しかし，A社の今後の経営において，この異業態投資を継続することは好ましいのか，あるいは可能なのかが大きな問題となりました。

　中食市場，惣菜企業だけでなく企業の工業化は，主力製品のある企業によってなされてきたという歴史があります。A社はいままではかろうじて存続できましたが，競争力のある製品が必要であることは確かです。A社としては，企業の維持が可能なうちに，流通業からの強いテナント出店の要請のあるような限定品を開発しなければならない，との結論に至りました。

　その結果，A社は1つの和菓子の開発に成功しました。この和菓子だけの店舗も開きました。この和菓子こそがSWOT分析から出てきた成果であり，A社は限定品の開発に成功したのでした。

　この事例がSWOT分析の事例として好ましい事例であるかは，少し不安の残るところです。ただ，限定品開発の方向性を考えるときに，競争企業の存在は必ず大きな要素となります。その際にSWOT分析の考え方を活用していただきたいものです。

11　限定品の開発ノート

　この章では，限定品開発のヒントとなる事柄についてお話してきました。私としては，限定品の開発に役立つ情報を提供したつもりですが，いまひとつと感じている方もいると思います。文章だけで情報を伝えることはとても困難で，さらに，限定品開発には以下の情報が必要にもかかわらず，この情報提供が不十分だからです。これらの情報とは，トヨタの社内で口をすっぱくして言われている事柄でもあります。

① 現物
② 現場
③ 現実

　限定品の現物，現場，現実の情報は，後述するとして，この現物，現場，現実のことで思い出したことがあります。

　広島県に斎木産業社という惣菜企業があります。代表者は斎木貞暁氏で，広島県議会議員の経験もある方です。この方は20年以上前に全国デリカ研究会という全国組織を作り，各地の惣菜業者の啓蒙研究に力を注いでいる方です。

　かつて斎木氏の会社に行って，驚いたことがあります。その当時斎木氏は，惣菜の製品開発に必死で取り組んでいました。そのための費用は惜しむことなく従業員に投資し，従業員は進んで各地の惣菜の研究のために出かけていきました。その当時で，確か従業員の1人当たりの研究開発関係費は120万円と斎木氏はおっしゃっていました。大企業では大した金額でないかもしれませんが，広島の中小企業ということを考えると，すごい金額だと当時思ったのを覚えています。

　同時に，この研究開発費をどのように管理しているのかと思いました。斎木氏は次のように回答してくれました。

　「一般の企業では給料は現場での働きに対する反対給付ですが，わが社では現場の働きもさることながら，従業員がどれくらい製品開発に寄与してい

るかを一番の問題にしています。従業員であれ，パートタイマーであれ，従業者全員に「(研究)開発ノート」を毎月1冊ずつ渡してあります。給料日には，その開発ノートを全員から提出してもらいます。そして開発ノートの提出と給料を交換するようにしています。私と幹部は各従業員から提出のあった開発ノートをすべて見ます。参考になる意見については，勉強会でその内容を発表してもらい，それがすばらしい発表であれば賞金を出します。」

と斎木氏が見せてくれたのは普通の両開きのメモ帳みたいなものですが，さすがに表彰を受けた従業員の開発ノートには，参考となる現物，現場，現実の事例がびっしりとていねいに書かれていました。

限定品の開発についても経営者陣，開発担当部門ばかりではなく，すべての従業者が参加することが好ましい気がします。特にパートタイマーやアルバイトをはずすということは，やめたほうが良いでしょう。

従業者に開発ノートを配布するとき，限定品の目的で配ること，限定品といえども種類，価格などには制限があることを事前に伝えるのが良いと思います。そしてすべての従業員が，次の3つの情報を共有することです。

① 現物
② 現場
③ 現実

12 価格センス

ここまではなるべく客観的な資料などに基づくものにしようと努力してきました。しかし，物事の説明，開発，企画などの創造にかかわる仕事には客観性だけではなく，直感，ヒラメキなどの感覚的なものも必要です。直感，感覚などとは呼ばずにセンスといったほうがよいでしょうか。

私の尊敬する同僚で流通情報学部長の河原田秀夫先生は，東京大学大学院で原子核構造の理論的研究で学位を得た方で，その後専攻分野を応用数理（主として自由境界問題の理論的，数値的研究）に移行しました。河原田先

生は日本応用数理学会の会長をしていますが，高度な数学を解くのも，やはりセンスは必要だと言っています。

　物事の上達には，努力とセンスが必要だという気がします。センスも努力によって身につく部分があるような気がします。と，センスの源は努力のようですが，やはり生まれもったセンスというのもあります

　限定品の製品開発にもセンスが必要です。

　私は現在の大学に転職する前に，東京都商工指導所で経営コンサルタントとしての修行をし，現場での経営診断を実践していました。東京都商工指導所では3人の生涯の師匠と呼ぶべき先輩に巡り合うことができました。長島俊男先生には経営診断の理論化について，西田修先生には原稿の書き方について，田中栄司先生には商業診断のセンスについてそれぞれ学びました。

　勤めは東京の銀座2丁目でしたので，毎日のように田中先生のお供をして銀座の百貨店の特売場などを見て歩きました。先生からの商業センス教育は，商品の値段当てから始まりました。先生は百貨店の特売場で自分のほしいものを探し，それがいくらなのか，値札を見ないで当ててみろ，と言いました。値段当ては紳士衣料に始まり，食品，雑貨などいろいろな商品に及びました。

　田中先生は商業診断の基本の1つは，価値と価格を判別できるかどうかである，と言いました。商店の診断に行って「上代，下代」（売価，仕入値）などをお店側に聞いてはいけない，店内に入ったら真剣勝負なのだから，診断者は商品の価格，品揃えについてそれが適切であるか否かを見抜かなければならない，と。お店側に決算書を用意させ，それを分析するようでは一人前の診断者ではないともいわれました。

　田中先生に倣い，買い物に行くたびにこの商品はいくらか，と当てる訓練を自分でしました。最初のころは，全然見当違いの値段当てでしたが，次第に自分の思う値段と店側の値段が近づいてきました。すると，商品の値段が適切であるかどうかがわかるようになってきました。

　最近は，お店の提示する値段とは別に，「自分の価格」をつけるようにし

ています。このお店の値段と自分の価格がどういうものなのか，ラーメン屋に入ったと仮定してお話しましょう。

　入ったラーメン屋の最も評判の高いラーメンを注文します。その値段が800円だとしましょう。

　ラーメンを食べ終わった時点で，自分ならいくらの価格をつけるか総合的に考えます。その結果，1,000円とするとします。

　この場合のお店の値段は800円，自分の価格は1,000円です。自分は200円分の価値（価格）を得したと思います。このように，自分の価値を価格表現できることが大切です。

　ラーメン屋では，次の３つの価格と価値が発生します。このことはすでにこの章の４の「惣菜市場の製品開発」でも触れました。

　　　価格＜価値　→　　安い，得したと感じる→リピーターになる
　　　価格＞価値　→　　高い，損をしたと感じる→２度といかない
　　　価格＝価値　→　　普通，マアマアと感じる→場合によっては行く

　限定品の開発に当たっては，お客に『価格＜価値　→　安い，得したと感じる→リピーターになる』の感覚を持ってもらう必要があります。簡単に言えば，お客が値段の割にはおいしいと思う限定品を作らなければなりません。設定した価格以上のおいしさという価値を持った限定品の開発が必要です。

　それと，限定品の開発者には，おいしさの価値を価格で表現できるセンスが必要です。いま食した限定品は自分ならば，いくらにするかを客観的に推量できるセンスといっても良いでしょう。

　先日，福岡で有名なラーメン屋本店に行きました。そのラーメン屋はチェーン展開しているなかで，本店だけの限定のラーメンを売っていました。さぞかしおいしいと思い，900円近いお金を払って食べましたが，自分の価格では380円くらいです。大損をしたと思いました。逆限定品開発がこのラーメン店では行われていたのです。

　このラーメン店では２種類のおいしさに定評があります。この人気に便乗

して本店限定のラーメン「本店限定ラーメン」を開発したのですが，全くおいしくないものでした。もし，はじめてのお客が本店で「本店限定ラーメン」を食べたら，このお客はきっとそのラーメン店のどのチェーン店にも行かないでしょう。それくらいおいしくなかったのです。

　限定品の開発者は，この価格センスを養う必要があります。価値を価格で表現する能力を養成する必要があります。同時に自分の主観的価格を設定し，市場価格（実際の販売価格あるいは小売価格）と比較する必要があります。

13 オードリー・ヘップバーンと限定品

【オードリー・ヘップバーンとジバンシー】

　私の最も好きな女優は，オードリー・ヘップバーンです。彼女の出演している映画のDVDはほとんど全部持っています。もっとも好きな映画は「My fair lady」で，この映画で最も好きな場面は，イライザが舞踏会の場面でペンシルベニア女王から「Beautiful！ Quite Beautiful！」と声をかけられるシーンです。この場面をきれいに見たいがために，高額のソニーの大型画面TVを買ってしまいました。

　さて，オードリー・ヘップバーンには美しさ，上品さ，幸運などの必要十分条件が伴っていたから大スターになったのでしょうが，「ローマの休日」で結果的に成功した彼女といえども，最初から成功するとは思っていなかったでしょう。

　私は彼女の成功の条件の1つに，ジバンシーの存在があると思います。ジバンシーが彼女のすべての衣装を担当する前は，明らかにオードリーヘップバーンよりもジバンシーのほうがビッグな存在でした。しかし，ジバンシーが衣装を担当して以降，映画のストーリーもさることながら，どのような衣装をオードリー・ヘップバーンが着ているかが話題になりました。

　ビッグなジバンシーは，オードリー・ヘップバーンをビッグにするのに寄

与しました。彼女がビッグになるのに貢献したのは，ジバンシーばかりではありません。ローマ，パリといった「超」ブランドや，グレゴリー・ペック，ハンフリー・ボガード，ウィリアム・ホールデンといった当時の大ブランドも貢献しました。言うまでもなく，ティファニーも。

① ローマの休日　⇒　ローマ，グレゴリー・ペック
② サブリナ　⇒　ハンフリー・ボガード，ウィリアム・ホールデン
③ ティファニーで朝食を　⇒　ティファニー
④ ジバンシーによるファッション　パリでの撮影

限定品開発にこれを利用しない手はありません。限定品開発には，常に「超」ブランド，大ブランド，ブランドを利用することです。

【サントリーの伊右衛門】

　サントリーの緑茶飲料「伊右衛門」のTVコマーシャルは素敵です。しっとりとしています。若者はどう感じているかわかりませんが，私どもの年代には好印象です。「伊右衛門」の開発には，福寿園という玉露の大店というブランドの力を借りたことはすでに知られるところです。サントリーも意識して福寿園を登場させているのでしょう。

　オードリー・ヘップバーンとジバンシーと同じ関係を，サントリーと福寿園は持ったのです。もちろんサントリーの企業ブランドは確立されていますが，それでも福寿園という玉露のブランドをパートーナーに選んだのです。

　2005年5月下旬，「サマンサ　タバサ」というブランドの青山本店の開設に，世界的セレブの1人であるヒルトン姉妹が招かれていました。私も昨年のクリスマスに，フェラガモ銀座店のパーティーに参加しました。元サッカー選手の武田とタレントの川原亜矢子が来ていました。

　至るところでオードリー・ヘップバーンとジバンシーのパートーナーシップを見出すことができます。是非，限定品開発に応用してほしいものです。

●注●
1) 日経産業消費研究所「新製品レビュー」の評価チェックシート。
2) 「日経流通新聞」2005年5月3日,ハウス食品社長小瀬昉氏のインタビュー記事より。
3) 日経産業消費研究所「新製品レビュー」2004年2月8日号の特集「ヒットを創る～第3回ヒット商品開発アンケート調査から」3～11頁。調査は日経産業消費研究所と日経リサーチが共同で,2003年12月1～25日までに郵送形式で実施している。348社(696票)の製品開発担当者に質問票を送付,97社(119票)から回答があった。消費財メーカーで上場,あるいは非上場の大企業を対象に調査している。調査・分析の結果は,22の項目に集約されている。
4) (社)日本惣菜協会「人気の惣菜　伸びる惣菜」2003年3月。
5) 「日経ビジネス」2005年2月7日号,106～110頁。調査対象ブランドとして,食関連の株式公開企業や日経POSデータの売上高上位,日経食品マーケット,日経MJ飲食業調査の掲載企業・製品などから候補を選定,女性の認知度調査で200に絞った。次に本調査としてインターネット上の「日経BP社調査システムWeb-Res」を通じ女性ウェブユーザーにそれぞれ任意の10ブランドを提示し,回答を得ている。
6) 「日経流通新聞」2003年6月17日,キューピー技術開発部長の高山勇氏の談話。
7) 前掲書,252頁。
8) 茨城県商店街振興組合連合会「平成16年度商店街組合調査報告書」2005年3月。
9) International Marketing News社のホームページ。
10) (社)日本惣菜協会「2004年版　惣菜白書」95～96頁。
11) 前掲書,311頁。
12) 前掲書,305頁。
13) 小林憲一郎著「食品工場経営論」(社)日本惣菜協会。

第6章 限定品マーケティングの実際

1 限定品マーケティングとは

【キリンの「まろやか酵母」】

　キリンビールは，コンビニエンスストアの雄であるセブン-イレブンだけのために「まろやか酵母」というビールを開発しました。現在は「まろやか酵母」はセブン-イレブンだけではなく，いろいろなスーパーマーケット，流通チャネル経由で売られています。

　キリンビールが，セブン-イレブンだけのために「まろやか酵母」を開発したとき，セブン-イレブンの力，コンビニエンスストアの力は次第に強くなっているなと実感しました。キリンビールで生産しているものの，セブン-イレブンだけで流通させている製品ですので，「ラガー」や「一番搾り」のような大量生産―大量流通―大量消費のビールとは違います。

　「まろやか酵母」のようなビールのことを流通限定品と呼ぶことができます。しかし，いまの「まろやか酵母」は流通限定品ではなく，マス製品になっています。

　キリンビールとセブン-イレブンの間にどのような契約があったかは，うかがい知ることはできませんが，現在の状況からみれば「まろやか酵母」はマス製品化のための流通限定品であったと看做すこともできます。そこには「流通限定品→マス製品」というストーリーの存在があったのでしょう。いろいろな食品メーカーが，地域限定でテスト・マーケティングするのと同じことをキリンビールは行ったのではないでしょうか。

　キリンの場合には，それを地域限定ではなく，新たに流通限定というやり

方で行ったのです。キリンビールの流通限定品は，マス製品という最終ゴールのための手段であったとも考えられます。

これに対して中小企業が開発する限定品は，「単なる単品」を限定品に格上げし，ブランド品化するために開発されます。ブランドの確立が最終ゴールです。このように，限定品は最終ゴールによって位置づけが違ってきます。

キリンビールの場合，限定品はマス製品化あるいはブランド確立のための手段でしたが，流通限定品という手段・過程において成功を収めたからこそ成功したのです。

限定品は，最終ゴールの手段・過程であると同様に，成功するにはそれなりの手段・方法・過程が必要です。このことを，限定品マーケティングと呼ぶことにします。

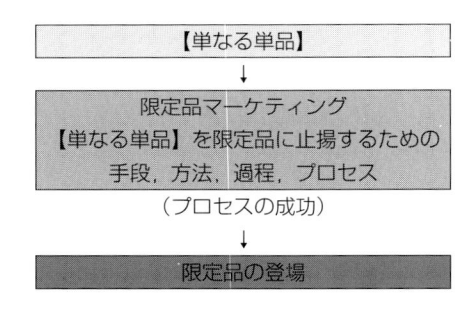

```
        【単なる単品】
             ↓
       限定品マーケティング
   【単なる単品】を限定品に止揚するための
       手段，方法，過程，プロセス
         （プロセスの成功）
             ↓
         限定品の登場
```

2　狭義の限定品マーケティングと広義の限定品マーケティング

マーケティング戦略の中でもっとも大切なのは，製品開発戦略です。限定品に関してももっとも大切な部分は，限定品という製品の開発です。

しかし，限定品に対する位置づけ，考え方，商品としての取り扱い方などは，メーカーと小売業とでは違います。もちろん卸売業の場合も違います。

メーカーの場合には，限定品という製品そのものを作らなければなりませ

んが，小売業の場合にはメーカーの作った限定品そのものを限定して販売すれば，小売業独自の限定品を持つことができ，消費者に販売，提供することができます。キリンビールがセブン－イレブンだけを流通の対象としたときの「まろやか酵母」は，セブン－イレブンという小売業の限定品，さらに言えば流通限定品でした。

メーカーは企業価値を高めるために，市場から評価される限定品という製品を開発する必要があります。むしろ義務といったほうが良いでしょうか。そこで前章では，限定品開発の手段，方法，過程，ヒントなどを考えてみました。前章では，メーカーが限定品そのものを製品開発する際に必要な限定品マーケティング情報を提供したつもりです。

小売業の場合には，メーカーに委託生産した製品あるいはメーカーが限定生産した製品を，流通業として限定的に販売すれば，それで流通限定品ということになります。

このように，メーカーの場合の限定品マーケティングとは，主に限定品のそのものの製品開発行為を指しますが，流通業の限定品マーケティングには限定品そのものの製品開発以外の行為も含まれます。

メーカーの場合にも「限定的に」外国から輸入した製品を限定品として販売することもありますし，小売業がプライベート・ブランドという限定品をメーカーに作らせることもありますが，メーカーの主たる機能は製造機能ですし，流通の主たる機能は流通機能です。この機能に着目したとき，メーカーと流通業の限定品マーケティングの手段，方法，過程，プロセスも違ってきます。

ここでは主としてメーカーの行う限定品マーケティング行為のことを狭義の限定品マーケティングと呼びます。このメーカーの限定品マーケティングこそが本来的な意味です。

しかし，これ以外にも先ほどから述べているように，流通過程において限定品マーケティングが行われています。街中のベーカリーのような小規模製造小売業の場合は，製造機能と流通機能の双方を持ち合わせていますが，メ

ーカーというよりもむしろ小売業の1つの形態として受けとめられています。

　このように，流通業の限定品マーケティング行為を含む限定品マーケティングのことを，広義の限定品マーケティングと呼ぶことにします。

狭義の限定品マーケティング→主にメーカーの限定品マーケティング
広義の限定品マーケティング→狭義の限定品マーケティング以外に流通業の限定品マ
　　　　　　　　　　　　　　ーケティングなどを加えたもの

　現在の大量生産—大量流通—大量消費のシステムは，いろいろな問題点を指摘されており，大型スーパーマーケット・チェーンの倒産が続いています。その市場シェアも減りつつあるのは事実ですが，まだまだ生産—流通—消費のシステム全体では，大量生産—大量流通—大量消費が主流であり，基本であることに間違いはありません。ただ，今後は限定生産—限定流通—限定消費のシステムの一部が，マス・システムの市場シェアを侵略することも確かです。

　この限定品システムは，すでにコンビニエンスストアを中心に侵攻が進んでいます。

　この意味で限定品マーケティングそのものを考えるときも，狭義の限定品マーケティングばかりではなく，広義の限定品マーケティングも考慮に入れることが必要です。

　大量生産—大量流通—大量消費のシステムの主たる担い手は，生産は大規模メーカー，流通は大規模スーパーマーケット，という構図が確立されていました。しかし，「まろやか酵母」の初期の段階のように，流通限定品マーケティングの生産はメーカーでしたが，流通の担い手はセブン-イレブンというコンビニエンスストアでした。

　「まろやか酵母」という流通限定品のチャネルリーダーが，キリンビールというメーカーであったのか，セブン-イレブンというコンビニエンススト

アであったかを解明するには，少し時間がかかりそうです。

　流通限定品という市場において，流通限定品マーケティングのリーダーシップをメーカーが握るのか，それとも流通業が握るのか，興味津々です。同時に，流通限定品がメーカーと流通業の新たなる製販同盟となりうるのか，いまだわかりません。

　現段階では，そのリーダーが，メーカーそれとも流通業であるかどうかにかかわらず，また狭義であるか広義であるかにかかわらず，とにかく限定品を目指して限定品マーケティングを行う必要性はありそうです。

　いずれ，限定品市場についてマーケティングという視点から学問的に分析してみたいのですが，現在はそんなことよりも，とにかく，実際に行われている限定品マーケティングの現物，現場，現実を見ることにし，そして中食市場の参考にすることのほうが大切です。

3　限定品マーケティングの実際

　すでに第4章で限定品マーケティングの事例を紹介し，後述するとしましたので，ここでは限定品マーケティングを先の狭義と広義の分類に従い，以下に説明を加えることにしましょう。

【主に製造に関わる限定品マーケティング】
① 製造アイテム限定品マーケティング
② 製造装置・過程限定品マーケティング
③ 製造場所限定品マーケティング
④ 製造者限定品マーケティング
　・パティシエ
　・職人
⑤ 製造数量限定品マーケティング
　・個数限定品マーケティング

・製造数量限定品マーケティング
⑥　製造時間限定品マーケティング
⑦　材料限定品マーケティング
　・材料産地限定品マーケティング
⑧　予約限定品マーケティング

【主に流通に関わる限定品マーケティング】
①　仕入先限定品マーケティング
②　流通限定品マーケティング
③　（販売）地域限定品マーケティング
④　会員限定品，メンバー限定品マーケティング
⑤　（販売）価格限定品マーケティング
⑥　コミュニケーション限定品マーケティング
⑦　販売時間・期間限定品マーケティング
　・10分限定品マーケティング
　・時間限定品マーケティング
　・鮮度時間限定品マーケティング
　・曜日限定品マーケティング
　・週限定品マーケティング
　・月限定品マーケティング
　・期間限定品マーケティング
　・季節限定品マーケティング
　・時代限定品マーケティング

【主にテーマに関する限定品マーケティング】
　・テーマに関する限定品マーケティング

4　製品アイテム限定品マーケティング～基本は「志」

【基本は志】

　特定の製品アイテムに限定した限定品マーケティングです。限定品マーケティングの基本中の基本といえます。すこし屋上屋を架す表現となっていますが，ご理解いただけると思います。

　その目的は，「単なる単品」が限定品として市場から評価され，さらにブランド化するというサクセス・ストーリを展開することでした。中食市場において「単なる単品」が市場から評価されることの基本は「おいしさ」です。

　製品アイテム限定品マーケティングは，おいしいと評価される製品アイテムを作ることです。ただ単に，製品アイテムをつくるだけではなく，何かにこだわりがなければ，おいしい製品アイテムはできません。

　中食市場で限定品マーケティングに成功した企業は，ただ単に製品を作るだけではなく，おいしさへの「こだわり」「テーマ」「主張」「コンセプト」などの姿勢，志をもっています。

　この意味で製品アイテム限定品マーケティングの基本は，おいしさへの「志」にあるといっても過言ではありません。おいしさへの「志」のない企

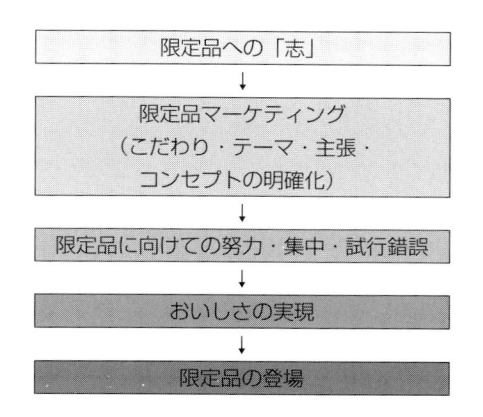

```
           限定品への「志」
                 ↓
         限定品マーケティング
        （こだわり・テーマ・主張・
           コンセプトの明確化）
                 ↓
     限定品に向けての努力・集中・試行錯誤
                 ↓
            おいしさの実現
                 ↓
             限定品の登場
```

業では，限定品はもちろん，ブランド化は不可能です。

　そこで，「志」をどのような点に集中させて「おいしさ」を具体化するかが経営課題となります。この経営課題が解決できれば，限定品マーケティングも一歩前進し，限定品の登場となります。

【志の中味】

　「単なる単品」を限定品に止揚するには，おいしさを追求する志が不可欠です。問題は，その志をどこに向け，集中させるかです。以下，志の集中に成功した企業の例を見ておきましょう。

① 「伝統・歴史」に志を集中

　　前述の水戸にある木村屋本店は，一般の和菓子店が近代的方向，洋菓子志向しているのに対して，江戸時代の水戸藩全盛の頃の和菓子を志向し，限定品の提供に成功しました。おいしさを「伝統・歴史」の中に求め，志を集中した事例です。

② 「高価格・高付加価値」に志を集中

　　低価格化が進行するハンバーガー市場であえて，「高価格・高付加価値」ハンバーガーに挑戦し，限定品販売に成功したのがモスバーガーの「匠味（たくみ）」です。

　　デフレ経済，不景気のさなかに各ハンバーガーは競って低価格ハンバーガーを提供しましたが，モスバーガーはあえて数量限定したハンバーガーを提供しました。ハンバーガーにはすりたてのワサビが添えられたりしました。このモスバーガーの「匠味」については，後述します。

③ 「生」に志を集中

　　「井筒ワイン」，キリンの「まろやか酵母」については，流通の末端まで冷蔵状態で流し，おいしい風味のワイン，ビールを提供しています。製造過程の冷蔵管理技術，冷蔵状態の物流といった流通が整備されていなければ日の目を見なかった限定品です。おいしさを「生」に求めた事例です。

④ 「素材」に志を集中

パステルの「なめらかプリン」については，なぜ「なめらかプリン」がおいしいのか，人によって意見のわかれるところです。私は，今までにはなかった生のクリームを使っているからおいしいのだと思っています。生クリームの素材がプリンをおいしくしています。おいしさを「素材」に求めた事例です。

蛇足になりますが，東京・銀座の並木通りに三笠会館本館があります。この中2階のイタリアンレストラン「メッツァニーノ」では，メニューに載っていませんが，大型の自家製プリンが1日5個限定で作られています。フロアで残っているかどうか尋ねると良いでしょう。

⑤ 「味のきめ細かさ」に志を集中

福岡の中州の近くに1軒のラーメン屋がありました。中に入ると客席は，ちょうど競馬場のゲートのように1人席がずらりと並んでいます。2人で入っても，ゲートのような席に別々に座らなければなりません。会話は厳禁で，お客はラーメンを食べることに集中しなければなりません。はじめての入店のときは異様に感じましたが，ラーメンを味わった後は納得です。こんなにうまいラーメンならば，会話なしで集中して食することも仕方がないと思いました。「一蘭」というラーメン店です。

2005年3月には「一蘭」のキャナルシティ店で食べましたが，管理の度合いは以前ほどタイトではなく，ビールも飲むことができました。このビールの泡もきめ細かでおいしかったです。

「一蘭」はおいしさを「きめ細かい味」に求め，志を集中した事例です。この「一蘭」についても後述します。

その他，いろいろなものに志を集中して，おいしさを実現した事例があります。「単なる単品」を限定品に止揚し，ブランド化するにはおいしさを求め，志を集中，努力，試行錯誤する必要があります。

5 製造装置・過程限定品マーケティング

　いま日本は韓流ブームです。主に，タレント中心のブームのようですが，私も中食市場の限定品を探しに，ここ数年の間に何回か韓国に行きました。偶然にホテルの従業員から聞いた焼肉屋のプルコギのおいしさに惹きつけられ，羽田空港と金浦空港間の飛行機便の便利さも手伝い，何回か行きました。焼肉，プルコギ，キムチもいろいろ食べ歩き，そのおいしさを堪能しましたが，もっとおいしいものを発見しました。

　冷麺です。

　日本では岩手県の盛岡が冷麺のおいしいところなので，盛岡にも何度か行きましたが，基本的に韓国の冷麺と盛岡の冷麺とは，歯ごたえが全く違うの

図表6-1　麺製造機

出所：鈴木信也機械製作所HPより

138　●中食市場のブランド化戦略

です。なぜこんなに感触が違うのか，知り合いの粉屋に聞きました。違いは2つありました。
① 粉の違い
日本の冷麺は小麦粉を用いていますが，韓国の冷麺はジャガイモと小麦粉を原料にしているとのことです。韓国の冷麺のあの強いコシは，そこから生じているのです。
② 茹でる装置の違い
知り合いの粉屋から教えられて，韓国の料理店の厨房に注意してみました。すると，冷麺をゆでる釜はそんなに変わらないのですが，釜の上にロケットの発射装置のようなものがついています。ジャガイモと小麦粉を練り上げ，パン生地のようにしたものを発射装置の上の部分に入れ，圧力をかけ，下の部分の穴で一挙に麺状にして，煮立った釜で茹で上げていました。それも短時間に茹で上げ，すぐに水にさらすのでコシが強くなります。

韓国で冷麺を提供する店の半分くらいは，この装置を使っているとのことです。韓国では，高級な店から立ち食いのような安い店まで，いろんなところで冷麺を食べましたが，どこへ行ってもおいしかったのは，この原材料と装置によって作られているからだとわかりました。

製造装置・製造過程によって「単なる単品」ではなく，限定品の出来上がることを冷麺の事例から説明しました。

6　製造場所限定品マーケティング〜産地の限定品

2005年3月に井筒ワインの白を8ケース（12本入り）とロゼを1ケース注文しました。自宅に冷蔵状態のまま保存することは無理なので，大学近くの酒屋の冷蔵庫で保管してもらっています。白ワインの原料はナイアガラという種類のブドウです。長野県の塩尻付近で採れるブドウですが，傷みやすいためか東京市場にはほとんど流通してこないようです。

一度長野に行ったとき市販されているナイアガラを食べたことがあります。すごく香りが強く，生ワインのビンを開けたときのような香りが漂ってきました。ナイアガラは限られたところでしかできず，さらに傷みやすいという性格なので，流通には適しません。そのため，ワインにしたほうが良いとの判断があったのでしょう。おかげで私たちは，おいしい生ワインを飲むことができます。

　農産物の産地限定品にも，おいしいものや珍しいものがたくさんあります。最近，岩手県の塩釜の「塩うに」を食べました。もう少し下った福島県のいわき市には「うにの貝焼」もあります。うにの産地は，それぞれ工夫を凝らして限定品を作ります。産地はそのまま限定品の製造場所ともなります。しかし逆に，博多の明太子のように，遠く離れた産地の北海道産の鱈子を加工して限定品，ブランド化に成功した事例もあります。

　産地あるいは製造場所が限定されているところでの製品は，稀少性ゆえに限定品となり，ブランド化の可能性を秘めています。

7　製造者限定品マーケティング

　著名な料理人のいるお店で食事をしてみたい，との願望はたいていの人にあります。最近は食事だけでなく，お菓子の分野にもこの傾向が強まっています。パティシエに対する人気は高まるばかりです。

　そんななか，2003年11月にナムコが自由が丘に，地元不動産会社と共同で甘味（スイーツ）店を集めたフードテーマパーク「自由が丘スイーツフォレスト」を開設しました。有名パティシエ（菓子職人）の店舗を集め，女性客を中心に最初の1年間で100万人を集客する計画でした。

　この施設の目玉は期間限定で有名パティシエを招いて実演販売する「パティシエステージ」で，このほか，創作洋菓子や和風甘味の店舗，スイーツに関する材料や道具を購入できるテナントが入店しています。

　有名パティシエ，有名職人，有名シェフの提供する料理，菓子は製作者そ

のものが限定品であり，彼らの提供する製品は限定品そのものです。これらの限定品は製作者限定品と呼ぶことができます。また製作者にスポットを当てたマーケティングを行っているので，このことを製造者限定品マーケティングあるいは製作者限定品マーケティングと呼ぶことができます。

カレー博物館，各地のラーメン博物館，広島のお好み村なども，その道のベテラン，有名職人が集まり，限定品を提供しているので，同様のものです。

8　製造数量限定品マーケティング

限定品マーケティングの原点は，製造数量を限定し稀少性を演出することです。製造数量限定品マーケティングには2つのタイプがあります。
① 個数限定品マーケティング
② 製造数量限定品マーケティング

個数限定品マーケティングは，お客1人に対して提供する個数・数量を限定する方法です。「お客様お1人2個まで」などと店内のPOP広告に書かれている場合がこれに当たります。

これに対して製造数量限定品マーケティングは製造能力に限界があるために，それ以上のお客に製品を提供できない場合です。

茨城県つくば市のある蕎麦屋は，手作りのため1日200食が限度でした。また，吉祥寺のサンロード商店街にあるヨウカンは，1日500本しか提供していません。朝早くから並んでヨウカンの出来上がりを待っているのですが，並んだお客全員にヨウカンが行き渡るわけではありません。

もう時効だと思うので話してしまいましょう。この和菓子屋が，私の知り合いの中小企業診断士に相談したそうです。原材料費，人件費などのコストアップで，どうやってもその当時の売価ではやっていけないので値上げしたいと。知り合いの中小企業診断士は，売価はそのまま据え置き，ヨウカン以外の製品を販売するように回答したとのことです。この回答は私も正解だと

思います。損して得をとる，ロスリーダーというやり方です。

　限定品は，特に製造数量限定品の場合は，ロスリーダー的色彩を持つ場合が少なくありません。

9　製造時間限定品マーケティング

　製造時間を限定した限定品マーケティングです。ベーカリーは特定のパンについて焼き上げ時間を限定し，黒板等で知らせてお客にアピールしています。ショッピングセンターのインストアベーカリーでは，好みのパンの焼き上げ時間を待って他の買い物をするお客もいます。

【プロントの製造時間限定品マーケティング】

　鮮度を前面に出す限定品には有効な手段です。スーパーマーケットのタイム（時間）セールは製造時間限定品マーケティングと類似しますが，製造時間を限定していませんので，違う限定品マーケティングと解釈できます。

　新橋駅の地下街には，以前に午前中は朝食メニューに限定し，昼は喫茶や昼食メニュー，夜はバーのメニューに限定した１日三毛作のお店「プロント」がありました。もちろんテイクアウトも可能でしたが，オペレーションが大変だったためか，店舗面積が狭くて効率が悪かったのか，残念ながらいまはありません。これは，広い意味での製造時間限定品マーケティングを行っている例です。

　広島県にあるプロントの２つの店舗では，カフェ・メニューとバー・メニューがあり，前者は７：００から17：30，後者は17：30から23：00まで営業しているようで，１日２毛作のメニュー構成となっていました。やはり１日に３回もの変更は，効率も悪く，オペレーション上も難しいものがあります。

【サントリーの製造時間限定品マーケティング】

　2005年５月11日の新聞各紙で，サントリーが50年物のウイスキーを販売す

図表6-2　プロントの製造時間限定品マーケティング

出所：東洋観光グループ→プロントのHPより

るという記事を掲載しています。

　『サントリーは11日，山崎蒸留所（大阪府島本町）で50年以上熟成させた原酒を用いたシングルモルトウイスキー「山崎50年」を発売すると発表した。長期熟成による豊かな香りが特徴。価格は700ml入りの瓶で1本100万円（税抜き）で，国産ウイスキーでは最高値だ。』

　こんなウイスキーを一度は飲んでみたいものです。

　熟成させることも製造時間限定品マーケティングの1つです。ウイスキー

第6章　限定品マーケティングの実際● *143*

ばかりではなく牛肉，マグロ，メロン，ワイン，焼酎なども熟成するとおいしくなる食品や飲み物です。

翌5月13日の「日本経済新聞」には，その高価なウイスキーを1日で売り切ったとの記事が掲載されていました。ネットで販売したこともよかったのでしょう。ネット販売のすごさを感じました。それと同時に，限定品マーケティングにもネット販売が強力な武器になることが再認識されました。

製造時間限定品マーケティングには，次の2つのやり方があります。もちろんこの2つ以外にもそれぞれの食品の最もおいしい適切な時期を選ぶことが，製造時間限定品マーケティングの基本となります。

① 鮮度追求型製造時間限定品マーケティング
② 熟成追求型製造時間限定品マーケティング

10 材料限定品マーケティング

【ハワイ島のマグロ】

関東圏の寿司屋には「うちのネタは築地市場から仕入れている」と誇っている店があります。確かに，地方市場と築地市場の仕入では，はっきりと品揃えが違います。築地市場まで仕入に行っていることは，仕入に力を注いでいる証ですから，そのことはお客に誇れることです。

原材料の仕入先，産地を限定することも限定品マーケティングの具体的方法の1つです。

漁場がそばにある寿司屋は，漁場の市場で仕入れた魚をケースに並べておけば，それは築地市場とは一味違った材料限定品マーケティング，材料産地限定品マーケティングを行っていることになります。

ハワイ島に行ったとき，夕食にマグロの刺身をいただいたのですが，大変おいしかったのです。現地の人にその理由を聞いたら，マグロの朝市が立って，そこでマグロを仕入れてくるとのことでした。その朝市を見学に行ったら，マグロがズラリと並んでいました。

ハワイ島での材料産地限定品マーケティングの一環として，日本酒と一緒にマグロが出てくる居酒屋があればよいなと思いました。

【ロッテの産地限定チョコレート】

　コンビニエンスストアでロッテの「産地限定カカオ」のチョコレートを見つけました。菓子メーカーが競って限定品マーケティングを行っているのはよく知っていました。新製品でありながら，限定品という菓子も少なくありません。普通なら新製品ということだけを前面に出して売るのですが，プラス季節限定品というものもあります。今回，産地限定品を見つけたときは，さすがに珍しさを感じました。このチョコの産地は3つです。

① 　エル・ピラール豆（カカオ54％）
　　ベネズエラ東部エル・ピラール村にある限定農園でていねいに生産されたカカオ豆
② 　ラ・フローラ豆（カカオ62％）
　　ベネズエラ中央部バロロベント谷で収穫された香り高い大粒カカオ豆
③ 　スー・デル・ラゴ豆（カカオ53％）
　　ベネズエラに西部マラカイボ湖南岸で採れる原種に近いカカオ豆

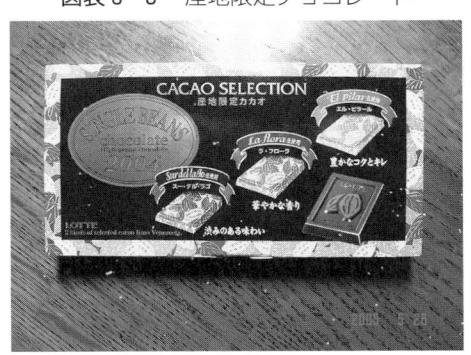

図表6-3　産地限定チョコレート

【茶農】

　金沢に有名な林屋というお茶屋があります。この林屋の息子である周作さんと親しくなって、お茶に関する話をいろいろ聞かせてもらいました。その1つに茶農という言葉があります。

　林屋で販売するお茶の葉の80％ほどは、自分の山のお茶から取れた茶葉だそうです。自分の山で取れたお茶だからこそ、自信を持って提供できると言っていました。林屋周作さんは、「だから私はお茶屋というよりも、むしろ茶農です」と言っていました。そのときはじめて茶農という言葉を耳にしました。すでに林屋は茶農として材料産地限定品マーケティングを行っていたのです。

　林屋は前田利家の時代から茶農として、前田家にお茶を納めていた歴史があります。この歴史とは材料産地限定品マーケティングの歴史であったわけです。

【リンガーハット】

　長崎チャンポンの「リンガーハット」では、霜降り白菜チャンポンを限定品マーケティングしていました。

11　曜日・週・月・期間・季節・時代・特定日限定品マーケティング

　すでにいくつかの限定品マーケティングについて話しましたが、ここでは曜日・週・月・期間・季節・時代限定品マーケティングについて紹介します。

① 曜日限定品マーケティング

　特定の曜日に限定品を提供するやり方です。安売りを目的として、定番品を特定の曜日に限って値引販売している店もあります。先日、外食の「餃子の王将」に入ったら、メニューに次のように書かれていました。

・金曜日：餃子200円→150円　生ビール（中ジョッキ）460円→230円
　ファミリーレストランの日替定食，スーパーマーケットの曜日限定の安売りなども曜日限定品マーケティングに含まれます。もちろん，安売りせずに限定品を特定の曜日に提供しているケースもあります。
　これが曜日限定品マーケティングです。
② 　週限定品マーケティング
　特定の１週間に限定品を提供するやり方です。ファミリーレストランの週替定食が該当する事例です。
③ 　月限定品マーケティング
　特定の月に限定品を提供するやり方です。レストランの月替わりメニューなどはこれに該当します。
④ 　期間限定品マーケティング
　特定の期間に限定品を提供するやり方です。代表的なのは正月やクリスマスの期間です。
⑤ 　季節限定品マーケティング
　特定の季節に限定品を提供するやり方です。春物衣料，夏物衣料，秋限定ビール，鍋専用ビールなどは，その具体的事例です。
⑥ 　時代限定品マーケティング
　100年前といえば，一時代前です。前述の100年前のラーメンは時代限定品のラーメンと呼ぶことができます。2003年は昭和がブームになった年で，山口百恵の復刻版CDが爆発的に売れました。大分県豊後高田も昭和レトロブームで，昔のアイスクリームが飛ぶように売れたそうです。
⑦ 　特定日限定品マーケティング
　単なる日，週，月ではなく特定の日に限定品を提供するやり方です。バレンタインデー，ホワイトデー，クリスマスなどはチョコレート，マシュマロ，ケーキの特定日です。
　最近では，母の日弁当やレストランの母の日メニューが好評のようで

す。ここ数年人気が高まっているようです。2005年4月30日「朝日新聞」では,「母の日弁当」を次のように報じています。

『母の日のプレゼントとして,老舗料亭や有名レストランが作った「母の日弁当」の人気が高まっている。価格は1人前1,000円前後〜1万円と幅広く,5月8日の「母の日」を前に,各デパートが販売に力を入れている。買い求めるのは娘たち。「1食分の食事作りの手間を省いてあげよう」という母親への思いやりも感じられる。

デパートで「母の日弁当」の売上げが注目され始めたのはここ数年。40–60歳代の女性が,自分の母親に贈るケースが多いという。「菊乃井」「なだ万」などの高級料亭が作った弁当の予約が増えるのに伴い,各デパートとも取扱量や種類を増やしている。横浜高島屋は今年,高級イタリア食材店による「母の日膳（3,150円）」と,人気中華料理店による「感謝親母菜（3,675円）」など15種類を予約で受け付ける（大半は5月3日頃まで）。

専用チラシを作った2002年の予約数は100個だったが,今年は倍の200個を見込む。ターゲットとして,"団塊ジュニア層"も視野に入れる。「働く若いママが,ようやく母親のありがたみを実感し,『母の日は,料理はしないで,ゆっくりさせたい』と買い求めるケースが多い」と担当者。

東京・新宿の小田急百貨店は今年,インターネットで申し込める「オンライン予約」を始めた。取り扱う弁当は25の料亭やレストランなどで,昨年より10店増やした。同社によると,売り上げの伸びは順調という。デパートが最も混雑するのは母の日の午前中。「昼食にと豪勢な弁当を買い求め,家族みんなで食べるスタイルが確立されつつある」という。』

父の日弁当,孫の日弁当などは,まだ人気になっていませんが,これからの限定品マーケティングとしての可能性はあります。

12　流通限定品マーケティング

　限定品マーケティングで現在最も目立っているのは，コンビニエンスストアにおける流通限定品マーケティングです。コンビニエンスストアは成長期から成熟期に移行し，出店数も漸増状態になってきました。これからコンビニエンスストア・チェーンが売上高を確保していくには，各店とも特徴ある品揃えが不可欠となります。

　今まであるいは今後ともコンビニエンスストアの中心が，弁当・惣菜などの中食アイテムであることにまったく疑いの余地はありません。各店は協力工場の支援のもとに，限定品マーケティングを展開してきましたが，中食アイテムだけではなく，加工食品，飲料などへの広がりを見せています。

　①　セブン-イレブンがはじまり

　　コンビニエンスストアにおける流通限定品マーケティングのはじまりは，セブン-イレブンではないかと思います。すみれ，一風堂，山頭火など各地の有名ラーメン店をカップ麺にした「日清名店仕込み」シリーズを開始したのは2000年4月のことです。日清がセブン-イレブンのために作った流通限定品です。248円でした。

　②　キリンビール「まろやか酵母」とセブン-イレブン

　　都内13区のセブン-イレブンで，2002年夏から限定販売されました。330mlの小瓶で250円。口コミでチェーン全体に広がりました。ビールの酵母を生きたまま瓶詰めし，さわやかな香りと，すこし白濁しているのが特徴です。酵母の働きを抑えるために常に10度以下で運ぶ必要があり，コンビニエンスストアの流通システムとマッチしていました。当初は，セブン-イレブンでの限定品でしたが，冷蔵管理に対応した大手スーパーマーケットの一部にも置かれるようになりました。

　③　ローソンとキリンビール

　　ローソンの「ハニーブラウン」はキリンビールとの共同開発の発泡酒です。

今後コンビニエンスストアを中心とした流通限定品マーケティングは，ますます増えそうです。セブン-イレブンについては，後述します。

13　その他の限定品マーケティング

　限定品は何か特徴ある切り口で売られています。その切り口がお客にわかりにくければ，限定品として認知されないことになります。この意味で今まで説明した以外の限定品およびそのマーケティングについては，これ以上の説明は要しないと思います。簡単なコメントを付け加えておきます。

①　価格限定品マーケティング

　　価格を限定した限定品です。代表的なのは100円ショップですが，ある惣菜店ではどの惣菜でも均一価格（100g・100円）で販売しています。

　　コンビニエンスストアのローソンが100円ショップを展開すると，2005年5月23日の新聞各紙は報じています。「朝日新聞」の記事を紹介しておきましょう。

　　『ローソンは生鮮食料品や生活雑貨などほとんどの商品を100円（税別）で販売する100円ショップを出店する。2008年2月までに700～1,000店にする計画。低価格品の品ぞろえを充実させることで，コンビニとは違う各層を取り込もうとの狙いだ。

　　全額出資で設立した子会社「バリュー・・ローソン」が運営する。27日に東京・練馬に1号店を開き，来年2月までに100店を出店する。当初は直営店方式とし，その後，加盟店を募る。

　　売り場面積はコンビニと同じ約120が標準となる。弁当や総菜，飲み物，生活雑貨などに加え，コンビニでは品ぞろえが薄い野菜や精肉などの生鮮食料品も豊富にそろえる。弁当など一部商品は400円近い価格となる。

　　「安さと品ぞろえが売りの小型のスーパーマーケットをめざす」とし

ており，食品中心に営業時間の長い店舗を増やしているスーパー各社との競争が激しくなりそうだ。

ローソンは2001年夏から健康志向の強い女性や中高年に的を絞った新型店「ナチュラルローソン」のチェーン展開を開始。そちらでは玄米おにぎりや焼きたてのパン，有機素材の食品など，やや高価格帯の品ぞろえを中心としている。』

このローソンの新たなる店舗展開ですが，ターゲットを限定した店舗限定（品）マーケティングの展開と解釈することもできます。このローソンの行為は，流通の世界でよくいわれる新しい業態の開発ですが，限定品マーケティングの視点からは店舗限定マーケティングの一種とすることができます。

② 地域限定品マーケティング

地域を限定した限定品です。食品のテスト・マーケティングとして特定の地域を選んで製品の販売が行われます。確かサッポロビールの「ドラフトワン」は，最初九州地区に限定して販売され，その後全国で販売されるようになりました。

③ コミュニケーション限定品マーケティング

代表的なのは，インターネット販売で売られている製品です。

④ 仕入先限定品マーケティング

特定の仕入先に限定されている限定品です。輸入品の多くは，この範疇の限定品です。

⑤ 鮮度限定品マーケティング

鮮度が限定されている限定品です。鮮度限定品は賞味期限と強く関係します。詳細な賞味期間に関する情報提供が必要な商品でもあります。このような色になったときが食べごろである，と色見本を添付してやるとよい商品です。メロンなどが該当します。

⑥ テーマ限定品（コンセプト限定品）

特定のテーマあるいはコンセプトにしたがって提供される限定品で

す。前述の日清食品の「日清名店仕込み」シリーズは，最初に名店というテーマ，コンセプトがあったからできあがった限定品です。製品アイテムではなく，シリーズものの限定品を開発するときには，特にテーマを横断するコンセプトが必要です。

⑦　予約限定品マーケティング

　予約した限定品を提供する方法です。正月のおせち料理などが該当します。誕生日パーティー用のケータリングなどもこの限定品マーケティングに属します。

第7章 限定品マーケティングの成功事例

　この章では限定品マーケティングに成功している次の3つの企業を主に取り上げ，その具体的内容について紹介します。
・セブン-イレブン（コンビニエンスストア）
・モスバーガー（ハンバーガー店）
・一蘭（ラーメン店）

1　コンビニエンスストアの限定品マーケティング

【コンビニエンスストアの地域限定品マーケティング】

　コンビニエンスストアは，地域限定品マーケティングに力を注いでいます。「コンビニエンスストア，地元色強く」との見出しのもとに，コンビニエンスストアの地域限定品マーケティングの様子が伝えられています（「日本経済新聞」2003年11月25日夕刊）。たとえ夕刊とはいえ，「日本経済新聞」本紙の一面で報じられたことに，限定品に関心の有る者として，強く興奮したことを覚えています。記事の内容は，次のようでした。[1]

　「大手コンビニエンスストアがオニギリ，味噌汁などで地域限定品を拡充している。全国単一の商品構成を見直し，消費者の間でこだわりが強まっている地元の食文化にきめ細かく対応する。オニギリをはじめとする弁当・惣菜類はコンビニエンスストアの売上高の3～4割を占める主力商品だけに，各社とも力を入れている。

　ローソンは2003年11月に売り出した味噌汁「おにぎり屋のみそ汁」で，全国各地域の違う味の商品をそろえた。関西では塩分控えめの「西京みそ」を

図表7-1　セブン-イレブンの地域限定メニュー

北海道		東北		関東・甲信越	
こだわりおむすび ほっき飯	炭火焼・豚丼	豆腐ハンバーグ&パスタサラダ	ざるラーメン	季節の天重（アスパラ天）	野菜の冷製おつまみ盛合せ
価格 170円	価格 580円	価格 390円	価格 305円	価格 495円	価格 280円

東海		関西		中国	
手巻おにぎりあさりしぐれ	鯛めし弁当	こだわりおむすび たこ飯	ぶっかけそうめん	広島菜ちりめん御飯のお弁当	揚げ天と野菜の巻物
価格 125円	価格 480円	価格 180円	価格 390円	価格 430円	価格 290円

出所：セブン-イレブンのHPより

採用。関東では「江戸甘みそ」と「信州みそ」の合わせみそを使った。

　ファミリーマートは東海地方限定の「みそ煮込みうどん」に八丁みそと硬めの生うどんを使う。名古屋では「あんかけスパ」（トマトベースの辛めのソースをかけたスパゲティ）を発売。東北では岩手県などの郷土料理「ひっつみ」を取り入れた鍋も売り出す。

　セブン-イレブンは，25種類前後のおにぎりのうち，7割程度が地域限定品。関西では京都の名産品を使った「ちりめん山椒むすび」，九州では「高菜御飯むすび」を販売する。

　売れ行きも好調。ファミリーマートでは，米飯類の地域向け商品の売上げが前年同期比で40％増加。セブン-イレブンで米飯類の占める地域限定商品の伸び率が三割程度までに上昇した。組織も強化しており，ローソンは，

2003年3月に支社制度を導入，ファミリーマートも2003年9月に地区商品開発の部署を設けた。」

【日清とコンビニエンスストア】

　第2章で，日清の安藤社長の対談を紹介しました。
　この対談の中で，安藤氏は世界最大の流通業であるウォルマートが基本とするEDLPをメーカーの立場から否定していることは，注目に値いします。EDLPは流通業の，しかも低価格戦略を基本とする流通業の戦略ですが，EDLPそのものがメーカーにとって価値ある戦略であるかは，安藤氏が言うように別問題です。
　流通業のEDLP政策に引き込まれたメーカーは，自らの価格設定能力を放棄せざるを得ません。「定価販売が可能である」「価格の値引きをすることがない」「高い利益を確保できる」というブランドのメリットも放棄しなければなりません。
　安藤氏はメーカーが安売り競争に巻き込まれることを強く否定しています。「日経ビジネス」誌のインタビューで，安藤氏は次のように回答しています。[2]

インタビュアー　　直接，消費者と接しないメーカーが，どうやって優良顧客とバーゲンハンターとを見分けるのですか。

安藤社長　　それが小売とのジョイントワークです。こうしたことができる特定のスーパーマーケットやコンビニエンスストアと組んでデータをフィードバックしてもらい，マーケティングを進めているところです。
　本当は，小売が能力価格を下回る価格でブランド食品を売ることを，ダンピングで訴えたい部分もあるのです。でも公正取引委員会には，メーカーが流通を不当廉売で訴えるというのはなかなか成立しないといわれます。小売同士やメーカー同士の訴えは成立するのですがね。
　安けりゃたくさん売れるから良いじゃないか，社会にも貢献しているじゃないかという視点もあるでしょう。しかし，われわれは本来，ブランドが持

っているアセット（資産）をディスバリューしてまで安くすることはない。適切な価格の範囲で売ってほしいという考え方が強い。大衆食品でありながら，顧客を選択する必要があるというのはそういう理由があるからなのです。

　日清はスーパーマーケットを中心とした，価格破壊，価格競争に巻き込まれることを嫌い，新しい流通チャネルとしてコンビニエンスストアを選択し，「定価販売が可能である」「価格の値引きをすることがない」「高い利益を確保できる」というメリットのある限定品マーケティング，流通限定品マーケティングを展開しています。

【限定品マーケティングの背景とメリット】

　コンビニエンスストアで限定マーケティングが台頭，進行している背景には次のような理由があります。そのキーワードは，コンビニエンスストアの定価販売です。

　流通業ではデフレ経済により低価格販売を余儀なくされていますが，コンビニエンスストアは，定価販売を続けているのです。定価販売により，価格の値引きをすることがない，高い利益を確保できるというメリットを享受できます。いままではスーパーマーケットとコンビニエンスストアは棲み分けてきましたが，デフレ経済はこの棲み分けを否定しています。その結果，両者が競争関係に入り，同じ商品を販売しています。

　スーパーマーケットも売上高の確保のために長時間営業せざるを得ません。すると，コンビニエンスストアとバッティングします。逆に，長時間営業によるスーパーマーケットの品揃えの変化も見過ごせません。コンビニエンスストアと類似する商品の販売機会が増えます（背景その1：スーパーマーケットとコンビニエンスストアとの間の業態間競争の激化）。

　コンビニエンスストア間競争も激しくなっています。そうなると，コンビニエンスストア・チェーン独自の商品，限定品が欲しくなります（背景その2：コンビニエンスストアの業態内競争の激化）。

コンビニエンスストア側は限定品を買い取り，返品はできませんが，棚は確保できます。限定品マーケティングにより他のコンビニエンスストアよりも優位な棚の維持，売上の確保が可能になります。コンビニエンスストアは返品不能のリスクを負うことになりますが，定価販売，高い利益，値引きなしが可能になります。それで限定品を積極的に販売することになります（コンビニエンスストア側のメリット）。

　メーカー側のメリットは，消費者情報，商品開発のアドバイスをコンビニエンスストアからもらえます。キリンの「まろやか酵母」は，ビールのラベルに和紙を採用してはどうかと提案を受けて採用した結果，好成績を得ました。流通限定品マーケティングならば，コンビニエンスストアで安売りされないとの安心感もあります。このことは日清の安藤社長の発言にもありました（メーカー側のメリット）。

　このように流通限定品マーケティングは，メーカーとコンビニエンスストアの双方にとってのメリットがあるので今後とも続くと思われます。セブン－イレブンの限定品は2002年以降売上高の半分以上，ローソンでも３割以上が限定品であるとの情報もあります。

　メーカーも相対的市場シェアを回復するための１つの具体的手段として，コンビニエンスストアにおける限定品マーケティングというマーケット・セグメンテーション（市場細分化）戦略あるいは流通戦略を展開し始めたのです。定価販売はメーカーにとっても流通業にとっても極めて好ましいことなのです。

【コーセーの雪肌精】

　中食市場の製品ではありませんが，コーセーがセブン－イレブン限定の化粧品「雪肌精」を販売しています。ある委員会のメンバーにコーセーの部長がいます。この方に「雪肌精」のことについて聞いたことがあります。

　『「雪肌精」は口紅だけといったような単品だけではなく，シリーズものですからセブン－イレブンさんからは結構棚をいただいているのです。ですか

ら，ロットも売上も決して低くありません』

　私なりにコーセーの雪肌精のメリットを考えてみましょう。まずは，売上高です。粗く売上高を計算してみましょう。セブン-イレブンの店舗数を1億3,000店，シリーズのアイテムを10点，アイテムの単価を500円として計算しても6,500万円。商品回転数を年間24回とした場合で15億6,000万円の売上高です。コーセー全体の売上高からすれば決して大きくはないでしょうが，コンビニエンスストアで販売していることは大きな意味があります。

　資生堂は現在の確たる流通チャネルを維持するためには，一般の化粧品店に眼を向けざるをえません。一般化粧品店の敵であるコンビニエンスストアに商材を流すことは一種のタブーなのでしょうか。ただ，資生堂の子会社オービットは「化粧惑星」のブランドでローソンなどのコンビニエンスストアに商品を流しています。「化粧惑星」のマカダミアナッツを使ったメーク落しは人気商品となっています。

　中食市場に限らずいろいろなメーカーが，流通限定品マーケティングをすすめています。その中枢にいるのがコンビニエンスストアであることに間違いはないようです。

２　セブン-イレブンの流通限定品マーケティングへの取り組み

【セブン-イレブンでの流通限定品マーケティングの始まり】

　コンビニエンスストアで流通限定品マーケティングが開始されたのは，そんなに古くはありません。わが国で，限定品マーケティングあるいは流通限定品マーケティングという言葉を使い出したのは，多分私がはじめてです。この本も初めての限定品マーケティングについて触れた本ではないかと思っています。ただし，限定品マーケティングはマーケティング論でいう流通戦略論の１つ，マーケティング・セグメンテーションの１つに過ぎないという考えもあります。

　セブン-イレブンだけで「日清名店仕込み」シリーズが発売されたのは，

2000年4月のことです。日清はすみれ，一風堂，山頭火などの全国各地の有名ラーメン店をカップ麺にして，セブン-イレブンだけに販売しました。

キリンビール「まろやか酵母」は都内13区のセブン-イレブンで，2002年夏から限定販売されました。330mlが250円です。口コミでチェーン全体に広がりました。ビールの酵母を生きたまま瓶詰めし，さわやかな香りと，すこし白濁していることが特徴です。酵母の働きを抑えるため常に10度以下で運ぶ必要があり，コンビニエンスストアの流通システムがマッチしていたのです。限定販売から始まったものの今では，冷蔵管理対応した大手スーパーマーケットの一部にも置かれるようになりました。

大手のメーカーが，セブン-イレブンというコンビニエンスストアの雄を対象として流通限定品マーケティングを開始したのは，多分この「日清名店仕込み」シリーズからではないかと思われます。そうであれば，2000年4月からのことになります。

ただし，セブン-イレブンなどのコンビニエンスストアは中食市場の中心的商品である弁当・惣菜・おにぎりなどを協力工場の支援のもとに販売しており，これらの協力工場との関係をも流通限定品マーケティングと呼ぶなら，その歴史は昭和50年代の半ばにすでに存在していたことになります。

しかし，やはり本格的な流通限定品マーケティングの開始は，セブン-イレブンに対する日清の「名店仕込み」シリーズであり，2000年4月ということになります。

【セブン-イレブンとわらべや日洋】

セブン-イレブンの製品，商品への取り組みの厳しさは定評があります。このことはセブン-イレブンというよりもイトーヨーカドー・グループ全体，さらには鈴木敏文会長の経営理念によるといったほうが正しいでしょうか。

流通限定品マーケティングとなると，コンビニエンスストアとメーカーとの親密さが必要です。しかし，親密さ，緊密さは時として曖昧さにつなが

り，コンビニエンスストアとメーカーにとっては良いのですが，消費者の不利益になることもあります。

　セブン-イレブンが日清と流通限定品マーケティングを開始したときも，セブン-イレブン側の厳しいチェックがあったからこそ成功したのではないかと思われます。流通限定品マーケティングに限らず，限定品マーケティングは製品のブランド化への近道ですが，製品作りへの厳しさが必要です。

　セブン-イレブンの厳しさは，前述の弁当・惣菜・オニギリの支援工場との関係にも現れています。「日経流通新聞」では，セブン-イレブンの中食製品の協力工場である「わらべや日洋」に対する厳しい姿勢を垣間見ることができました。[3]

　『わらべや日洋が2003年8月に東証一部に上場しました。セブン-イレブンが設立されたのは1973年です。1978年にわらべや日洋とセブン-イレブンとは取引を開始しています。

　わらべや日洋の売上高1,116億円のうち70％以上がセブン-イレブンへの売上です。しかし，セブン-イレブンの同社への出資比率はわずか3.5％です。「濃厚な資本関係を結べば取引に甘えが出る」と，セブン-イレブンの鈴木敏文会長はこのわらべや日洋との資本関係を評しています。わらべや日洋はセブン-イレブンの主力弁当・惣菜部隊の1つですが，資本関係はわずか3.5％なのです。』

　セブン-イレブンの流通限定品マーケティング分野への厳しさは，このわずか3.5％の資本関係に表れています。もし，資本関係が高まればメリットも生じるでしょうが，「わらべや日洋」への天下りが生じ，両者の関係は良いのでしょうが，消費者にデメリットを生じる可能性もあります。

　流通限定品マーケティングにおいては，メーカーと流通業の関係が親密で緊密になりますので，こうした点にも気をつける必要があります。

【セブン-イレブンと山崎パン】[4]

　ダイエーと松下電器の関係は，自社製品は定価販売したいという松下電器

と，松下製品であっても値引き販売したいというダイエー。両者の間に取引上の問題が発生するのは当たり前といえば当たり前です。類似の問題が，セブン－イレブンと山崎パンにもあったようです。

　独自の限定品のほしいセブン－イレブン。他のコンビニエンスストアと差別化するのに，限定品を持つことは強力な武器となります。ましてや，その限定品の提供者がその業界のトップメーカーであれば，その効果，効用には大きいものがあります。セブン－イレブンは，山崎パンというパン業界のトップメーカーの限定品がほしかったのですが，山崎パンは，セブン－イレブンの限定品作りがわがままに映ったのか，拒否しました。

　しかし，2003年11月25日付の「日本経済新聞」にあるように，「セブン－イレブンと山崎パンと和解」，両者の関係が復活したことを明らかにしています。山崎パンとセブン－イレブンの関係修復は，流通限定品マーケティングの進展にとって象徴的な出来事であったといえます。

　マーケティング用語の1つにチャネル・リーダーという言葉があります。生産－流通－消費という一連の流れで，主導権争いが生じ，チャネル・リーダーはその勝者のことです。ダイエーは小売業の覇者でしたし，松下は家電メーカーの覇者でした。

　生産の覇者松下と，流通の覇者ダイエーがチャネル・リーダーを争った理由はいろいろありますが，もっとも大きな理由は価格決定の問題です。勝者になれば，自由に価格決定ができます。ダイエーが勝てば，家電の覇者松下といえども，ダイエーの決めた価格で販売しなければなりません。
第1章でも触れたように，ブランドを確立した企業は定価販売が可能となります。流通チャネル競争で松下がダイエーに負ければ，松下は定価販売ができなくなり，ダイエーの松下製品の値引きを容認せざるを得ず，結果として松下の収益力も落ちます。ダイエーは松下製品を安く売ることができれば，薄利多売によって小売業間の競争に勝ち，多くの利益を手中にすることができます。

　また，セブン－イレブンと山崎製パンの間のチャネル・リーダー争いは，

価格もさることながら、セブン-イレブンの品揃力の問題から発生したと考えてよいでしょう。

　セブン-イレブンはコンビニエンスストア間の競争が激しくなってきたので、競争力のあるパンが欲しくなるのは当然です。1992～1994年にかけて山崎製パンに対して、独自仕様のパンの製造を求めましたが、山崎製パンは自社の全国ブランドを重視していたために、断ったのです。セブン-イレブンは競争力ある製品開発を山崎製パンに頼んだわけですが、山崎製パンも他のコンビニエンスストアにパンを卸していますので、セブン-イレブンだけを特別扱いするわけにいきません。

　また、山崎製パンはデイリーストアという山崎製パン主宰のコンビニエンスストア・チェーンを持っています。セブン-イレブンに強力な製品を提供

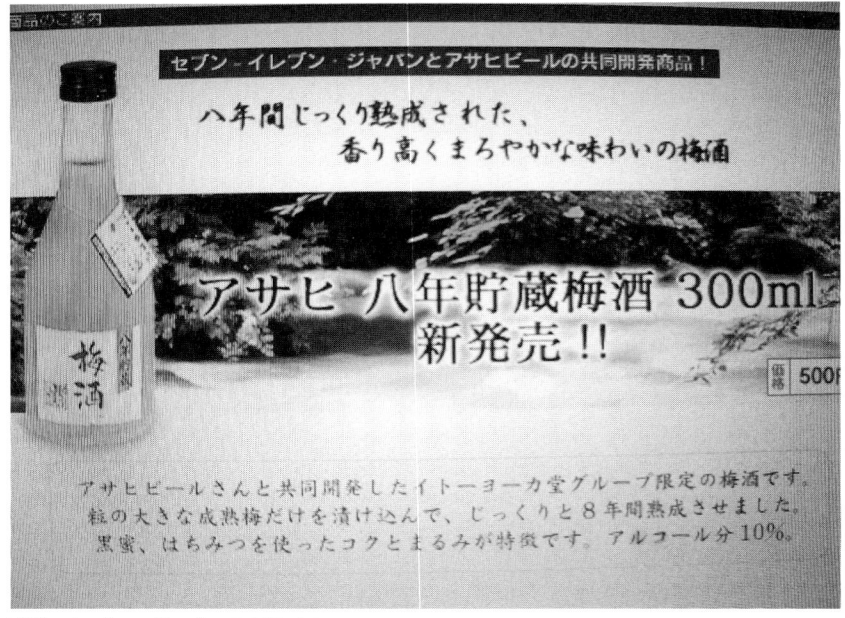

図表7-2　アサヒ長期熟成梅酒

出所：セブン-イレブンのHPより。

することは，敵に塩を送ることになり，デイリーストアというフランチャイズ・チェーンに加盟するフランチャイザーからの批判も出てきます。

かくて，セブン-イレブンと山崎製パンは，冷えた関係になりました。その間，セブン-イレブンは伊藤忠商事などの設立した系列のパンメーカーに依頼して専用商品を充実させました。山崎製パンからは一部の全国ブランドに限って仕入れてきました。山崎製パンはその後，ローソンとの取引を拡充，専用商品の納入も始めました。

しかし，セブン-イレブンの販売力が山崎製パンにとっても無視できないほど大きくなったのでしょう。独自仕様のパンの仕入額は，2002年度で1,009億円。業界2位の敷島パンの売上高に迫りました。

これらの諸事情があり，山崎製パンとセブン-イレブンの取引は2003年に再開されました。山崎製パンが納入したのは「バナナオムレット」（180円），「カスタードボンブ」（130円）。ともにスポンジケーキ部分の卵やクリームの乳脂肪分を多くした商品です。セブン-イレブンが店舗の温度管理を徹底していることから，商品化が可能だったようです。

松下とダイエーの争いでは，結果的にダイエーが勝利を収めました。山崎製パンとセブン-イレブンの戦いでは，セブン-イレブンが勝ちました。松下も山崎製パンも，スーパーマーケットあるいはコンビニエンスストアという流通業の販売力の軍門に下ったといえます。

このことはコンビニエンスストアの流通限定品が増加していくことを示唆しています。そして，その雄であるセブン-イレブンの流通限定品から決して目をそらすことができないことを物語っています。

【セブン-イレブンの限定品への努力】

セブン-イレブンの流通限定品マーケティングに対する思い入れは，いろいろな媒体から伝わってきます。セブン-イレブンは，さらに流通限定品マーケティングを進化，深化させ，コンビニエンスストア業界での地盤を磐石なものとしています。

この裏には流通限定品への厳しさ，手を抜かない努力，消費者満足の追及，があります。このことは，トップの姿勢からもうかがい知ることができました。

　『消費を喚起するために必要なことは，簡単です。新しい商品を提供し続けることです。セブン-イレブンでは，100円が相場だったおにぎりに200円の商品を投入して成功しました。

　冷やし中華のタレの味は，年に3回から4回替えています。寒い時期はやや甘め，夏場はさっぱりといった具合で，自社ブランド商品で1年前と同じ味の商品はありません。消費者はその変化に気づきませんが，それが企業努力です。』[5)]

　この鈴木敏文氏の記事を読んで，セブン-イレブンの流通限定品マーケティングへの姿勢，そして成功している理由がはっきりとわかりました。

3　セブン-イレブンの流通限定品マーケティングNOW

　今回は，限定品マーケティングで成功している企業として，一番目にセブン-イレブンに登場してもらいました。セブン-イレブンの企業成功のポイントについては，いろいろな媒体で紹介されていますが，限定品マーケティングでも成功しています。その実態を知るには，まずセブン-イレブンの店頭に行き，流通限定品の存在を確認することです。

　セブン-イレブンの流通限定品は多岐にわたりますので，インターネットで事前に調べておくとよいでしょう。

4　モスバーガーの限定品マーケティング

【上層吸引価格設定法と市場侵略価格設定法】

　40年くらい前，ちょうど私が中学生の頃，日清の即席ラーメンが発売され，コカコーラも日本に上陸しました。日清の即席ラーメンはたしか1個が

30円でした。当時，中華店のラーメンが１杯35円，３杯だと100円でしたので，日清の即席ラーメンの価格の高さに驚きました。コカコーラも同じように30円か35円でしたので，その価格の高さにはびっくりしました。

　日清の即席ラーメン，コカコーラともに何て値段が高いのだと思いましたが，それは意図的に設定したのでした。

　価格設定法には，はじめから高く価格設定する上層吸引価格設定法と，後発メーカーなどがお客の支持を受けるために安く価格設定をする市場侵略価格設定法の２つがあります。日清の即席ラーメン，コカコーラは，上層吸引価格設定法を用いて市場に参入したのです。

　マクドナルドが東京・銀座の三越１階にオープンしたのは，日清の即席ラーメン，コカコーラの５～６年後だったでしょうか。標準的なハンバーガーは確か80円だったと思います。つい数年前にマクドナルドが同じハンバーガーを62円で売ったとき，その間の利益の累積は尋常ならぬものがある，と瞬間的に思いました。その間高いものを食べさせられていたのだ，と悔しい思いもしました。

　デフレ経済，不景気などの状況の変化によりマクドナルドは，上層吸引価格設定法から市場侵略価格設定法へと，全く逆の価格設定法を採用するにいたりました。この変更の妥当性はいずれ市場が判断すると思いますが，大胆な変更であったことは事実です。

【新製品による価格アップ法】

　横浜に「ハマケイ」というデリカショップがあります。社長は高橋さんという方でした。デリカショップの創生期に，この「ハマケイ」と高橋社長は優良店舗とその経営者ということで，私たちの中ではリーダーとして尊敬し，いろいろと教えてもらいました。その高橋社長の教えの１つにこんなものがあります。

　『惣菜を値上げするときは，既存品を値上げしてはいけない。値上げするのならば新製品でしなさい。既存品の価格はすでにお客に良く知られている

ので，その既存品を値上げするとお客は普通以上に値上げを実感してしまい，販売数量が減ってしまう。以前私はうなぎの仕入原価が上がったので売価を上げたら，そのうなぎの販売数量は半分になってしまった。それからは既存品の値上げは極力行わず，コスト吸収した新製品で値上げするようにしている。』

　この高橋社長の経験則が頭に残っているので，マクドナルドの標準的ハンバーガーの数回にわたる価格変更策が気になっていました。値下げのときの効果はあるが，逆に単価アップの時にお客はどう反応するのだろう，と思っていました。

　そんなときに，マクドナルドと同じハンバーガー・チェーンのモスバーガーは，アッということをやってくれました。

　高価格，限定品の「匠味」の登場です。

【モスバーガーの「匠味」】

　モスバーガーの「匠味」は，日経産業消費研究所の新製品委員会の評価対象商品になりました。主担当だったので私も「匠味」を評価しなければなりません。すべての店舗で販売されているわけではないし，販売時間も決まっていて，まさに限定品なのです。

　まずはモスバーガーのホームページで調べ，自宅から比較的近くにある横浜の緑園都市店に行きました。14時30分頃に緑園都市店に着きました。

　緑園都市店での「匠味」の販売個数は10個でした。「匠味」の正式な名称は「ニッポンのバーガー「匠味」（たくみ）アボガド山葵（わさび）」で1個880円です。限定品とはいえ1個880円なんてハンバーガーは食べたことがありません。はっきり言って，かなり高い価格設定です。

　加えてビジネス地区に立地する店舗だったら，通常の給料日前でも10個は売れるでしょうが，緑園都市店は間違いなく住宅地区の店舗です。住宅地に立地する店舗で平日ではほとんど売れないと思っていました。

　緑園都市店に着くとすぐに注文し，同時に尋ねました。

図表7-3 「匠味」の名刺（表・裏）と食べ方

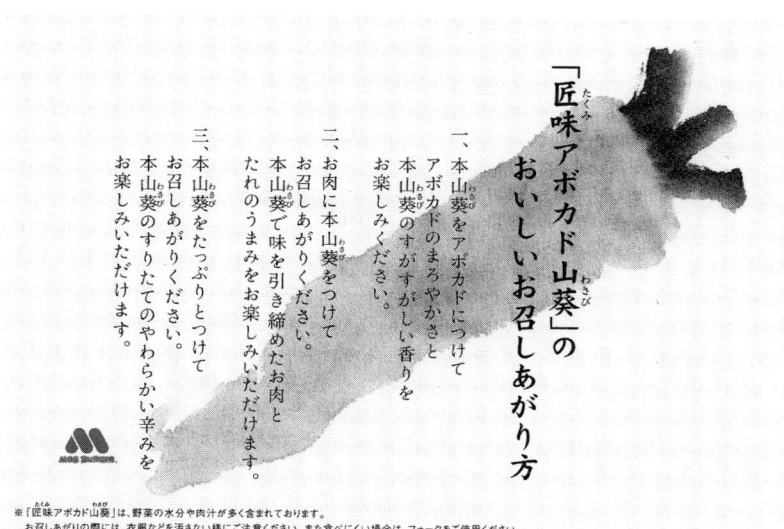

「匠味アボカド山葵」のおいしいお召しあがり方

一、本山葵をアボカドにつけてアボカドのまろやかさと本山葵のすがすがしい香りをお楽しみください。

二、お肉に本山葵をつけてお召しあがりください。本山葵で味を引き締めたお肉とたれのうまみをお楽しみいただけます。

三、本山葵をたっぷりとつけてお召しあがりください。本山葵のすりたてのやわらかい辛みをお楽しみいただけます。

※「匠味アボカド山葵」は、野菜の水分や肉汁が多く含まれております。
お召しあがりの際には、衣服などを汚さない様にご注意ください。また食べにくい場合は、フォークをご使用ください。

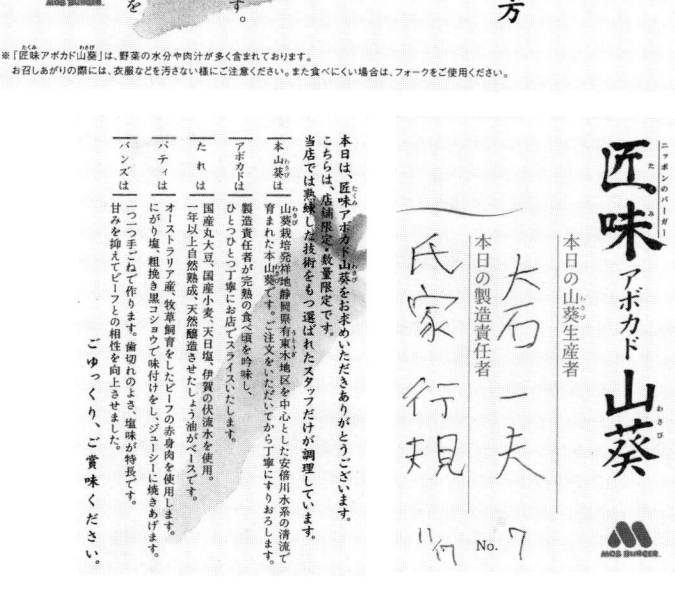

ニッポンのバーガー
匠味 アボカド山葵

本日の山葵生産者　氏家 行規

本日の製造責任者　大石 一夫

11/7　No. 7

本日は、匠味アボカド山葵をお求めいただきありがとうございます。こちらは、店舗限定・数量限定で当店では熟練した技術をもつ選ばれたスタッフだけが調理しています。

本山葵は、山葵栽培発祥地静岡県有東木地区を中心とした安倍川水系の清流で育まれた本山葵です。ご注文をいただいてから丁寧にすりおろします。

アボカドは、製造責任者が完熟の食べ頃を吟味し、ひとつひとつ丁寧にお店でスライスいたします。

たれは、国産丸大豆・国産小麦・天日塩・伊賀の伏流水を使用。一年以上自然熟成、天然醸造させたしょう油がベースです。

パティは、オーストラリア産、牧草飼育をしたビーフの赤身肉ににがり塩、粗挽き黒コショウで味付けをし、ジューシーに焼きあげます。

バンズは、一つ一つ手ごねで作ります。歯切れのよさ、塩味が特長です。甘味を抑えてビーフとの相性を向上させました。

ごゆっくり、ご賞味ください。

「"匠味"は売れていますか。私は今日何番目の客ですか」と。

私は「匠味」の7番目の客でした。「匠味」が販売されてすでに3ヵ月以上経過していたので，新しいもの好きの珍しさを求めたお客はすでに終わっているはずで，リピーターが来ていることは容易に想像がつきます。

しばらく経つと「匠味」が出来上がりました。ハンバーガーの「匠味」だけではなく，次のようなものが付属品として付いてきました（**図表7-3**）。

① 本日の「匠味」の生産者の名刺（表と裏）
③ 「匠味」の食べ方
② 「匠味」専用の紙マット

食べた瞬間，山葵の香ばしさを感じました。ステーキは基本的に醤油と和辛子で食べるので，ハンバーガーと山葵の違和感は全くありませんでした。ただ，パテの量が多いと思いました。

モスバーガーの「匠味」は，店舗限定・数量限定の限定品です。提供方法も限定品に相応しいやり方で，限定品マーケティングに成功しました。

3 一蘭の限定品マーケティング

福岡市の中洲でラーメン屋に入りました。座席はすべて選挙で投票用紙を書く台のように，横板で仕切られていました。ラーメンを食べることだけに集中してもらいたいので，このような座席にしたと書いてありましたが，最初は異様な感じがしました。

しかし，出されたラーメンは，ただおいしかったのを覚えています。10年以上前のことです。

このラーメン店が「一蘭」でしたが，博多の中洲にはおいしい食べ物屋がたくさんありますので，その後「一蘭」には行きませんでした。よく行ったのは，もっぱら長浜の「やまちゃん」です。「やまちゃん」の店主と仲良くなったことも「一蘭」に行かない理由でした。[6]

ある時，おいしいラーメン屋を探していて，キャナル・シティのラーメン

店に入りました。はからずも偶然，そのラーメン店が「一蘭」であることがわかりました。店の作り，選挙用の台等，以前と同じ店内でした。待っている間にパンフレットを見てみると，店舗数が増えてチェーン化していました。しかも，その1店は横浜の桜木町にあることがわかり，少しがっかりしました（私の自宅は横浜なので）。

でも，味はやはりおいしいという以外にありません。がっかりのあとに満足感でいっぱいになりました。

「一蘭」のラーメンも限定品です。ワン・トゥ・ワン・マーケティングを具体化しているラーメンといっても良いでしょう。このことは「一蘭」の注文票を見るとすぐにわかります。

図表7-4 「一蘭」の注文表　表・裏

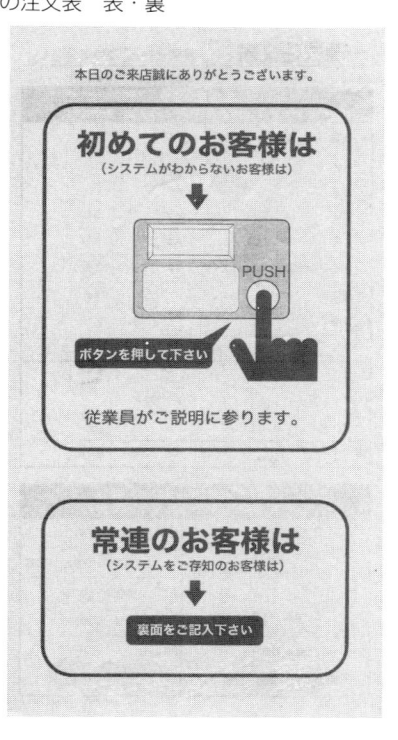

「一蘭」は，自店の味をベースにしながらお客の好む味に，一品一品対応しているのです。お客に対して究極の味で対応しようとしているのです。
　「一蘭」こそが限定品マーケティングを超え，ワン・トゥ・ワン・マーケティングに基づくラーメンを提供しているお店ということができます。限定品マーケティングを超えたラーメン店です。
　「一蘭」では，次の３つの味が基本になっています。この基本の味については，特別注文することができません。

① 柱味→一蘭・純とんこつ
② 旨味→和仕込みだし
③ 秘味→秘伝のたれ（旨味たれ）

そして，以下の味については自分の好みに仕立てることができます。

④ 塩味→ミネラル塩など
⑤ 甘味→熟成蜜など
⑥ 脂味→こってり度
⑦ 酸味→かめ仕込み黒酢など

図表7-5　追加注文表

厳選こだわり　ラーメンのお供			
追加注文する品に○をつけ，目の前の押ボタンで従業員をお呼び下さい。			
麺のおかわり	替玉 180円 超かた・かため・基本・やわめ・超やわ	ごはん	ごはん 200円
	半替玉（半分量）120円 超かた・かため・基本・やわめ・超やわ		小ごはん（7割量）150円
追加お好み具	追加チャーシュー（3枚）200円	お飲み物	脂解美茶 200円
	追加ねぎ（4倍量）100円 白ねぎ（太ねぎ）・青ねぎ（細ねぎ）		生ビール 300円
	きくらげ　100円		
	煮たまご（1個）120円		

⑧　香味→にんにく

⑨　辛味→秘伝のたれ（辛味だれ）

　薬味のネギについては，九州，四国，関西地方では白い関東ネギが用いられることはほとんどなく，ワケギが用いられます。関東ネギが好きな人にとって，ワケギはピリリとしたところがなく，何となく物足りないものです。九州で関東ネギ入りのラーメンを食べられることは稀です。

　3つの「一蘭」の基本味に，6つのお客の好み味，薬味などを組み合わせると何種類のラーメンになるでしょうか。まさに「一蘭」では，私好みのラーメンを食べることができます。

　一蘭式注文票の裏には，常連客用の案内とはじめての客用の案内があります。地元で有名な「一蘭」ですが，観光客がはじめて訪れることも少なくありません。そのための「裏」の案内です。

　ラーメン通の「一蘭」に対する評価はわかりませんが，限定品マーケティングあるいはワン・トゥ・ワン・マーケティングの視点からは，「一蘭」はトップクラスと言えるでしょう。

●注●
1)　「日本経済新聞」2003年11月25日
2)　「日経ビジネス」2003年4月21日号，50頁
3)　「日経流通新聞」2003年8月27日
4)　「日本経済新聞」2003年11月25日より一部引用，加筆。
5)　「日本経済新聞」2003年12月26日「けいざいの心理学」イトーヨーカ堂会長鈴木敏文氏の談話。
6)　「やまちゃん」は熊本と銀座に店を出したと常連から聞きました。銀座の店は東銀座の傍で歌舞伎座の裏でした。

第8章 限定品マーケティングのプロセスとチェックシート

　最後に,「単なる単品」を限定品に育成するための開発プロセス,チェックシートについて考えてみましょう。

1　「志」と基本コンセプトの確立～限定品開発プロセスの基本

【限定品への「志」と基本コンセプト】

　限定品の開発,限定品のマーケティングにとってもっとも大切なことは,何が何でも限定品を開発しようとする意志,限定品のマーケティングを何とか成功させたいという意志の存在です。言い換えれば,限定品への強い「志」があるかどうかです。それがなければ,限定品の開発,限定品のマーケティングは成功しません。

　その「志」があれば,次のステップは具体的にどのような限定品を開発し,どのような限定品マーケティングを展開するのか,といった内容の基本的コンセプトを確立すればよいのです。

　基本コンセプトは,すでにお話したマーケティング論の基本である3Cと4Pの枠組みで作り上げればよいのです。3Cと4Pを再確認しておきましょう。

【3C】

　マーケティング論では,3Cはマーケティング環境分析と呼ばれ,製品を作り,価格設定などを行う前の段階で行われる調査,分析のことです。

　限定品のマーケティング環境分析では,3Cのうち特に自社分析が大切に

なります。
- ① Customer ：顧客分析
- ② Competitor ：競争分析
- ③ Company ：自社分析

【4P】

　マーケティング環境分析が終わったら，具体的に製品，サービスを作る工程に入ります。作り上げたものは，どの流通チャネルを通じて製品を流し，どのような広告活動などのプロモーションを行うかを検討し，実行することになります。このことをマーケティング・ミックスと呼んでいます。

　限定品のマーケティング・ミックスでは，やはり製品と価格設定が大切です。なぜならば，企業の多くはそれほど多くの広告予算はありませんし，流通チャネルもこちらから選べるほどの力はない場合が多いからです。とにかく良いものをつくり，口コミ，近所の評判・評価，マスメディアの取材・PRなどを通じて，限定品そのものを知ってもらい，存在感を次第に広げていく，という姿勢が大切と思われます。

　次に，製品戦略と価格戦略が大切です。

　限定品マーケティングによって限定品となり，ブランド化に向けての評価ができあがった段階で，製品をどの流通チャネルに流すかが問題になります。ブランドや限定品の確立していない企業においては，流通戦略というよりも，むしろどのように限定品を提供するのかという【提供方法】の問題だと考えることもできます。

- ① Product ：製品戦略
- ② Price ：価格戦略
- ③ Promotion ：コミュニケーション戦略
- ④ Place ：提供戦略（本来ならば流通戦略ですが，ここでは提供方法と解釈したほうがよいでしょう）

2　限定品候補の抽出～限定品開発の第1段階

【SWOT分析】

　中食市場の限定品の開発，限定品マーケティングの前提となる基本コンセプトの確立には，まず自社分析が必要です。

　自社分析の手法はいろいろありますが，限定品開発，限定品マーケティングで必要なのは，いま最も強い自社製品の抽出です。第5章の10で「限定品とSWOT分析」について説明していますが，SWOT分析で言えば「自社の強みで取り込むことのできる事業機会は何か」あるいは「自社製品の中から，限定品に育て上げられる製品は何か」ということです。

	機会（Opportunity）	脅威（Threat）
強み（Strength）	自社の強みで取り込むことのできる事業機会は何か	自社の強みで脅威を回避できないか，他社には脅威でも自社の強みで事業機会にできないか
弱み（Weakness）	自社の弱みで事業機会を取りこぼさないために何が必要か	脅威と弱みが合わさって最悪の事態を招かないためには何をすればよいか

　自社の「単なる単品」から何を限定品として見つけ出し，限定品に育て上げるか，ということはそんなに難しいことではありません。基本的には，いま自社で最もお客から支持されている単品を選べばよいのです。最も売上高の大きいものを選べばよいのです。

　しかしそれだけでは不十分です。SWOT分析の前に話したRFM分析で，自社製品の中からRFMの絶対額，伸び率の大きい「単なる単品」を抽出します。

　・Recency →最近買い上げの大きい「単なる単品」は何か
　・Frequency →買い上げ頻度の高い「単なる単品」は何か
　・Monetary →購入金額の高い「単なる単品」は何か

　中食市場の場合に，季節，月などによってRFM分析の結果が違います

が，年間の分析を通して，限定品の候補の対象となる「単なる単品」を1品だけ抽出します。

こうして抽出された1品の「単なる単品」を限定品候補と呼びます。

【限定品候補の顧客戦略】

限定品候補といえども，どのような顧客をターゲットとして販売されてきたかがハッキリしない場合があります。限定品マーケティングを行うには，主たる顧客ターゲットを明確にしておいたほうがよいでしょう。中食市場の顧客ターゲットとして考慮したいのは，以下のとおりです。

・女性客
・地元客
・若者客

コンビニエンスストアでは，最近の中食市場のターゲットとして中年客を狙っていますが，それはコンビニエンスストアという流通チャネルを前提とした上での顧客ターゲットの設定です。「単なる単品」を限定品化する段階での主力ターゲットは，やはり女性客と地元客ではないでしょうか。もちろん地元の女性客という設定もあります。

中食市場の「単なる単品」を限定品化するには，女性，地元をキーワードにした限定品作りが必要になります。

【限定品候補の競争戦略】

顧客ターゲットの設定の次には，限定品候補と類似する他社製品の研究，分析が必要です。どのように研究し分析するかは，後述しますが，限定品候補の競争戦略で一番大切なのは，どこが違うのかを明確にすることである。

3 限定品の製品戦略〜限定品開発の第2段階

限定品候補を抽出できたら，限定品候補に顧客という枠，仮想敵国である

他社の類似製品の枠，という二重の枠，開発条件を満たす製品開発を行う必要があります。これに対しては，次のようなチェックが必要です。
① 自社にしかない製品か，ほかに真似のできない製品か，代替性のない製品か→オリジナル度の高い製品か
② 小さい製品か→女性が一口で食べられる大きさか
③ 色は自然色か
④ 素材は自然のものか
⑤ 食材は伝統，歴史，信頼のあるものか
⑥ 安全な食材か
⑦ トレイサビリティの可能性ある食材か
⑧ 製造過程での品質管理は十分か
⑨ デザインは適切か
⑩ ネーミングは適切か[1]
⑪ パッケージングは適切か
⑫ 産地の食材か（地元の食材，仕入先か）
⑬ 地産地消が基本にあるか（地元客の場合）
⑭ 冷蔵保存の製品か，生のままの製品か（冷凍の食材，製品ではないこと）

4 限定品の価格戦略など～限定品開発の第3段階

【価格戦略】

限定品の価格戦略のチェック項目としては，次のようなものがあげられます。
・価格以上の価値があるか→おいしいのに安い
・売価をまず先に設定し，それに対して適切な原価率をかけたコストとしているか（原価主義でなく売価主義か）
・高価格で，他社製品の約2倍の価格水準であるか
・原価率は適切か

【コミュニケーション戦略】

限定品のコミュニケーション媒体は，次のようなものです。
- 口コミ[2]
- 応援団
- インターネット

【流通戦略（提供方法）】

- 在庫管理技術，能力は十分か[3]
- 提供のきめ細かさを演出できるか
- 提供時に作ってみせる場面があるか（製造過程に手作業の部分があるか）

5　限定品候補の評価〜限定品開発の第4段階

「単なる単品」が限定品マーケティングにより，限定品化したとの判断は，次のようなことで行います。
- お客が並ぶ（長い列）
- 列ができる（長時間）
- すぐに売れきれる（短時間）

6　限定品開発のチェックシート

「単なる単品」を限定品に育成するプロセスをお話したところで，最後はこのプロセスを「限定品のチェックシート」に仕上げることです。

5段階法で採点します。定性的であり，定量的に評価はしにくいものばかりですが，「単なる単品」を限定品候補にすべく，さらにはブランド化に止揚すべく，やってみてください。合計点は100点です。

限定品開発のチェックシート

	チェックの内容	質問項目	満点	自己採点
1 限定品開発の基本	限定品開発への志	志は強いか	10	
	基本コンセプト	基本コンセプトは確立したか	5	
2 限定品のマーケティング環境	自社分析	最も売上高の大きい【単なる単品】は何か	5	
	競争分析	SWOT分析で限定品候補を抽出したか	5	
		RFM分析で限定品候補を抽出したか	5	
	顧客分析	女性，地元客をターゲットにしたか	5	
3 限定品の製品戦略	オリジナル度の高さ	自社しかない，ほかに真似のできない，代替性のない製品か	10	
	限定品の大きさ・形状	小さい製品か→女性の口で一口の大きさ	3	
	限定品の色，素材	自然の色，素材か	3	
	食材の伝統，歴史，	信頼のあるものか	3	
	安全性，品質管理	安全な食材か，トレイサビリティの可能性ある食材か，品質管理は十分か	10	
	デザイン，ネーミング，パッケージング	主たるターゲットの評価，反応を分析した後のものか。		
			5	
	地産地消，産地	地元優先か	3	
	限定品の形態	生か，チルドか	5	
4 限定品の価格戦略	価格と価値	価格＜価値	5	
	価格設定	売価主義による価格設定か	5	
	価格水準	他社製品の約二倍の価格か	3	
	原価率	適切な原価率か	5	
5 限定品のその他の戦略	コミュニケーション戦略は適切か	口コミ，応援団，インターネットが中心か	5	

●注●
1) 宮崎光『トヨタを築いた「Cの神話」』東京新聞出版局，2002年
　本著では，トヨタ自動車のネーミングを主に研究し，次のようにまとめています。
① ネームの頭文字は「か行」か「さ行」が良い
② ネームはすべて清音（濁ったり，撥ねたりする音でない）が良い
③ ネームには濁音・破裂音を入れない
④ ネームには「え」「け」「せ」などの「え行」を入れないのが良い
⑤ ネームは4文字がよい
⑥ 「2文字」プラス「2文字」でも良い
2) 「日経ビジネス」2005年5月9日号，32頁
　本著には，「口コミの影響力が強くなった4つの理由」を掲げています。限定品のコミュニケーション戦略としては口コミ，ネットが重要です。
① マス広告の効果の減退
　　氾濫する広告に対する消費者の不信感が強まり，テレビのCMに代表されるマス広告の効果が減退した
② 消費行動の保守化
　　消費者の身の回りには必要なモノが揃い，あえてする買い物で失敗したくないという意識が強まった
③ 商品の複雑化
　　デジタル技術の進歩などで商品の機能が複雑になり，理解するのが難しくなったため，他人の評価や体験談に頼るケースが増えた
④ ネットが生活の一部
　　ネットを使った情報検索が一般化し，ブログや製品評価サイトでの情報交換も活発化した
3) 2005年5月に新橋駅のすぐ傍に「郷土・せとうち料理」の店を見つけました。取れたて直送，本日のおすすめ，とメニューにあったので，愛媛県佐多岬漁協直送「岬アジ刺身」1,260円と愛媛川之江漁協直送「平目薄造り」1,050円の2品を注文しました。しかし，2品ともぐにゃっとしていたので，マネージャーを呼び，平目はもういいのでアジだけ鮮度の高いものと取り替えてほしいと頼みました。すると，店内で一番新しいという「岬アジ刺身」が再度出てきました。先ほどのアジは冷蔵されていたものですが，今度のものはアジ1本を刺身にしたものでした。しかし結果は同じです。愛媛県佐多岬漁協を出たときのアジはきっとすばらしかったのでしょうが，新橋の刺身は全然よくありませんでした。管理技術が悪いとせっかくの限定品も美味しくないと実感しました。

索　引
INDEX

A-Z

3C…*69*

4P…*69*

AMA…*19*

Asahi…*16*

EDLP…*35*

FSP…*35*

priceless…*45*

RFM 分析…*111*

SWOT 分析…*115*

WiLL…*15*

あ行

安全性…*92*

安藤宏基…*34, 155*

伊右衛門…*127*

一蘭…*137, 168*

井筒ワイン…*58*

出井伸之…*30*

茨城県のショップ…*108*

ウォールマート…*35*

江崎グリコ…*16*

おいしさ…*92*

大分のフグ…*4*

オードリー・ヘップバーン…*126*

小瀬昉…*88, 128*

か行

花王…*16*

価格…*92*

価格センス…*123*

価格の値引き…*10, 156*

ガルブレイス…*73*

河原田秀夫…*123*

観光と地域ブランド…*40*

企業ブランド…*22*

稀少性…*47*

稀少性→限定性…*65*

木村屋本店…*98, 136*

逆限定品開発…*105, 125*

キユーピー…*25, 95*

狭義の限定品マーケティング…*132*

京ブランド食品…*11*

キリンビール…*129, 149*

近畿日本ツーリスト…*16*

口コミ…*178*

経営と管理…*57*

経済産業省のブランド価値評価…*41*

化粧惑星…*158*

限定性→稀少性…*65*

限定品開発のチェックシート…*178*

限定品ショップ…*105*

限定品との出会い…*55*

限定品とマーケティング上の位置づけ
…*77*

限定品の開発レベル…*100*

限定品の種類…*71*

限定品の台頭…*72*

限定品の定義…*68, 70*

限定品の提供方法…*101*

限定品の特徴…*72*

限定品マーケティング…*79*

広義の限定品マーケティング…*132*

コーセー…*157*

コーポレーティブ・ブランド…*16*

ゴーン（カルロス・ゴーン）…*30*

コクヨ…*16*

志…*135, 173*

コシヒカリの飽和…*52*

コトラー…*68, 75, 99*

コンビニエンスストア…*153*

さ行

斎木貞暁…*122*

材料限定品マーケティング…*144*

産地限定チョコレート…*145*

サントリー…*127, 142*

資生堂…*158*

ジバンシー…*126*

地元客…*176*

下関のフグ…*6*

上層吸引価格設定法…*164*

食の安全・安心ブランド調査…*93*

食品のブランド化…*38*

食品ブランドの十分条件…*37*

食品ブランドの必要条件…*37*

女性客…*176*

ショップの特徴…*106*

新製品のレベル…*99*

スイーツフォーレスト…*140*

スコット・M・デイビス…*9*

スパイラル性…*24*

生鮮ブランドランキング…*6*

製造時間限定品マーケティング…*142*

製造者限定品マーケティング…*140*

製造数量限定品マーケティング…*141*

製造装置・過程限定品マーケティング
…*138*

製造場所限定品マーケティング…*139*

製品アイテム限定品マーケティング…*135*

製品開発の判断数値…*89*

製品群ブランド…*22*

製品の5次元…*75*

製品の定義…*68*

製品ブランド…*22*

関アジ…*1*

雪肌精…*157*

セブン-イレブン…*149, 158*

全国デリカ研究会…*122*

惣菜の Frequency 商品…*114*

惣菜の Monetary 商品…*114*

ソニー…*30*

た行

ダイエー…*160*

高い利益…*10, 156*

高安秀樹…*52*

匠味…*136, 166*

田中栄司…*124*

地域限定品マーケティング…*153*

地域中小企業のブランド戦略…*41*

地域ブランド…*15*

チャネル・リーダー…*161*

茶農…*146*

中心市街地活性化法…*55*

超ブランド…*44*

定価販売…*10, 156*

東京ミレナリオ…*60*

トヨタ自動車…*16*

鳥越薫…*103*

トレイサビリティ・システム…*95*

な行

長島俊男…*124*

なめらかプリン…*21*

西田修…*124*

日経産業消費研究所…*84*

日産…*30*

日清食品…*34, 155*

日本惣菜協会…*110*

野うさぎの走り…*103*

野村善彦…*11*

は行

ハイ・アンド・ロー…*35*

ハウス食品…*88*

パッケージング…*90*

百年の孤独…*103*

100年前のラーメン…*62*

広瀬茂…*37*

普通魚…*3*

ブランド魚…*3*

ブランド職業…*42*

ブランド体系…*21*

ブランドの価値…*8*

ブランドの定義…*19*

ブランドのディスバリュー…*35*

ブランド品の性格…*38*

ブランド品の特徴…*38*

183

ブランド品の飽和…*49*

ブランド品の魅力…*38*

古澤隆士…*80*

ベキ分布…*52*

ま行

マーケティング・ミックス…*69*

マズローの欲求5段階説…*74*

街のブランド品…*55*

松坂屋…*37*

松下電器産業…*16, 160*

松本冠也…*57*

まろやか酵母…*129, 157*

水戸の梅…*97*

モスバーガー…*166*

森伊蔵…*104*

や行

山崎製パン…*161*

八幡浜のアジ…*2*

四元正弘…*40*

ら行

リピーター・マーケティング…*78*

流通限定品マーケティング…*149*

ロスリーダー…*142*

おわりに

　今回は『中食市場のブランド化戦略』というテーマで，中食市場のブランド化について書かせていただきましたが，本書で明らかにしました「稀少性」「限定品」「限定品マーケティング」の考え方は中食市場だけではなく，地域，商店街，街づくり，学校，行政などのいろいろな経営主体のマーケティング戦略にも応用できます。

　そして，本書を脱稿した段階からすでに，次のテーマである「街のブランド化戦略」の執筆に取り掛かっています。

　この「街のブランド化戦略」の資料集めをしていましたら，横浜のカレーミュージアムでは「雨の日限定品」を提供していることがわかりました。天気予報で雨の確率が30％以上の時には，特別の限定品を提供しているのです。天気マーケティングの必要性は強く言われていますが，天気も限定品提供と強く関係しています。

　天気，温度，限定品などいままでは係わりのない，管理不能と思われていた要素が，マーケティングの道具として使われ始めています。本書の限定品マーケティングの種類に，天気の項目は入れておりませんでしたが，次回作には是非とも入れたいと思っています。

　天気以外にも，いろいろな要素，用具も限定品マーケティングに用いられています。食の限定品としては有効であったとしても，街の限定品としては効果のないものもありますし，また，その逆も考えられます。ただ，限定品という視点からはいろいろな要素が限定品マーケティングの手段，用具として使えそうです。

　皆様ご自身が限定品としてなにを提供すれば，より効果，効用，満足のある限定品マーケティングができるのか，をお考えの際に小書が少しでもお役に立てれば望外の喜びでございます。

著　　者

──● 著者略歴 ●──

小林　憲一郎（こばやし　けんいちろう）

1947年　茨城県生まれ。
1970年　横浜市立大学商学部経営学科卒業，東京都商工指導所入所。
1996年　東京都商工指導所退職，流通経済大学流通情報学部教授。
1998年　流通経済大学大学院物流情報学研究科教授，現在に至る。
　　　　中小企業診断士，日本経営診断学会理事，日本流通情報学会常任理事。
主な著書：『急成長するアイテムショップ』日本経済新聞社，1979年。『デリカショップ百科』誠文堂新光社，1979年。『デリカショップの実務』誠文堂新光社，1981年。『ファンシーギャル市場とショップ経営』ダイヤモンド社，1982年。『パート・アルバイトの活かし方』日本経営指導センター，1984年。『ニュー・サービス業の開業手引き』同友館，1985年（編著）。『ギャルのマネー感覚』日本経済新聞社，1986年。『立地で稼ぐ方法』こう書房，1987年。『成功する商売開業法』実業之日本社，1992年。『商業診断ケーススタディ』同友館，1993年（共著）。『商店街ソフト事業の診断』同友館，1994年。『小売商業政策の新パラダイム』同友館，1995年。『確定申告の上手なやり方』実業之日本社，1996年。『商店診断の基礎』同友館，1999年。

2005年9月2日　第1刷発行　　　〈検印省略〉

中食市場のブランド化戦略
──限定品マーケティングのすすめ──

著　者　　　Ⓒ　小　林　憲一郎
発行者　　　　　山　田　富　男
発行所　　　　　㈱　同　友　館
　　　　　　　東京都文京区本郷6-16-2
　　　　　　TEL 03（3813）3966　FAX 03（3818）2774
　　　　　　　URL:http://www.doyukan.co.jp/

落丁・乱丁はお取替えいたします。　三美印刷／トキワ製本所
ISBN 4-496-04018-2　　　　　　　　Printed in Japan